C.H.BECK WISSEN

«Von den Mauern hatte ich freien Blick über eine weite Ebene, die sich westwärts zum Euphrat hin erstreckt und sich in der dunstigen Ferne verlor. Die Ruinen alter Städte und Dörfer erhoben sich auf allen Seiten. Als die Sonne unterging, zählte ich mehr als einhundert Hügel, die ihre dunklen, länglichen Schatten über die Ebene warfen. Dies waren die Überreste der assyrischen Zivilisation ...» Mit diesen Worten beschreibt der Brite Austen Henry Layard um die Mitte des 19. Jahrhunderts seinen ersten Eindruck von jenem Landstrich, der einst das Zentrum der antiken Großmacht Assyrien bildete. Das vorliegende, lebendig geschriebene und informative kleine Buch bietet einen knappen Überblick über die Wiederentdeckung der assyrischen Zivilisation, erzählt die Geschichte der Assyrer und beschreibt Grundzüge ihrer Kultur.

Eva Cancik-Kirschbaum, ausgewiesen durch Publikationen zu Geschichte und Kultur der Assyrer, ist Professorin für Altorientalistik an der Freien Universität Berlin.

Eva Cancik-Kirschbaum

DIE ASSYRER

Geschichte, Gesellschaft, Kultur

Verlag C.H.Beck

Für Hildegard,
Lucas und Valerie

Mit 6 Abbildungen und 2 Karten

1. Auflage. 2003
2., durchgesehene Auflage. 2008

3. Auflage. 2015

Originalausgabe

Gesamtherstellung: Druckerei C. H. Beck, Nördlingen
Umschlagentwurf: Uwe Göbel, München
Umschlagbild: Zwei assyrische Hofbeamte, Wandmalerei aus Achmar, Mitte 8. Jh. v. Chr., Nationalmuseum Aleppo (Syrien), Photo: akg-images, Berlin/Erich Lessing
Printed in Germany
ISBN 978 3 406 50828 8

www.beck.de

Inhalt

Einleitung

«Die Assyrer haben sich als erste von allen Völkern der Herrschaft bemächtigt» *(Assyrii principes omnium gentium rerum potiti sunt)* schreibt der römische Historiker Aemilius Sura zu Beginn des 2. Jahrhunderts vor Christi Geburt. Für den antiken Historiker beginnt die Geschichte der imperialen Großmächte mit Assyrien. Zu diesem Zeitpunkt war das letzte assyrische Reich bereits seit über vier Jahrhunderten Vergangenheit, und andere hatten die Macht im Vorderen Orient übernommen: zunächst die Meder und Perser, dann die Makedonen, die Seleukiden und Parther und schließlich – sollte Rom folgen. Doch nicht nur Sura, auch andere antike Autoren sahen in den Assyrern die ersten Vertreter einer Herrschaftsform, die sich durch ihre schiere Größe von allem bisher Bekannten unterschied.

Welche Gründe gab es für diese Einschätzung, wer waren die ‹Assyrer›? Nachforschungen in griechischen und lateinischen Texten der antiken Überlieferung erbringen nur spärliche Hinweise: einige ausführlichere Berichte über einzelne Städte, Namen und Erzählungen über Könige und Königinnen, allerlei Merkwürdigkeiten, Sitten und Gebräuche. Die Angaben über ‹Assyrien› und ‹Assyrer› sind uneinheitlich, teilweise widersprüchlich, vieles scheint auf Erzählungen und Hörensagen zu beruhen. Dies kann kaum verwundern, stammen doch selbst die ältesten dieser Quellen erst aus der Zeit nach dem Ende des großen, des letzten assyrischen Reiches. Eine andere Gruppe von Texten berichtet sehr viel unmittelbarer über Assyrien und die Assyrer. In den Schriften der hebräischen Bibel findet sich eine ganze Reihe von Passagen, die – mehr oder weniger deutlich – auf geschichtliche Begegnungen zwischen Israel/Juda und den Herrschern Assurs Bezug nehmen. Damit sind die historisch ertragreichen Quellen zu Assyrien im wesentlichen erschöpft – die Kenntnisse über Assyrien und die Assyrer bleiben begrenzt. Auch die umfangreichen arabischen Quellen des Mittelalters und die Berichte vereinzelter Orientreisender sind in dieser Hinsicht – sieht man von Ortsnamen und lokalen Legenden einmal ab – wenig ergiebig.

Mit dem Beginn der Ausgrabungen im Zweistromland im 19. Jahrhundert n. Chr. wurden mit einem Mal neue Informationsquellen erschlossen. Die Entdeckung der alten Hauptstädte des assyrischen Reiches erbrachte aufsehenerregende Funde: Königspaläste, Wohnhäuser, Tempel samt Interieur, ganze Städte, Gegenstände des täglichen Bedarfs ebenso wie Luxusgüter aller Art, Bibliotheken und Archive mit einer Vielzahl von Texten. Mit der Entzifferung der Keilschriften und der systematischen archäologischen Untersuchung des Alten Vorderen Orients traten die Eigenzeugnisse jener Kulturen in den Blick, die man bisher nur aus sekundärer Überlieferung kannte, und darüber hinaus eine ganze Reihe von bislang völlig unbekannten Völkern. Die Erforschung dieser Kulturen ist mit erheblichen methodischen Herausforderungen verbunden. Die wohl größte besteht darin, sich der kulturellen wie zeitlichen Distanz stets bewußt zu sein.

Der Blick in die Geschichte der Assyrer umfaßt einen Zeitraum von knapp anderthalb Jahrtausenden. Trotz einer ungeheuer reichen und vielfältigen Überlieferung ist die Quellendichte und -qualität sehr unterschiedlich. Immer wieder treffen wir auf ‹dunkel› erscheinende Zeiträume, für die nur wenige oder überhaupt keine Quellen zur Verfügung stehen. Dann wieder gibt es Konstellationen, in denen sich das Schicksal einzelner Personen, die Tätigkeit einzelner Institutionen detailliert verfolgen läßt. Insgesamt sind die verschiedenen Bereiche von Kultur und Gesellschaft in den Quellen sehr unterschiedlich repräsentiert. Dieser Sachverhalt ist freilich nur zum Teil auf Fund- und Überlieferungszufälle bzw. die bei Ausgrabungen gesetzten Schwerpunkte zurückzuführen. Er ist auch durch die Verhältnisse jener Zeit selbst bestimmt, etwa den Umstand, daß Schrift nur einem sehr kleinen Teil der Bevölkerung zugänglich und ihre Verwendung begrenzt war.

Das Interesse gilt im folgenden in erster Linie der politischen

Geschichte; sie bildet den Leitfaden der Darstellung. Im Hintergrund aber steht die Frage nach den Bedingungen und Mechanismen, die Assyrien den Primat in der Geschichte der antiken Großreiche eingebracht haben. Dabei darf nicht übersehen werden, daß ‹Assyrien› keineswegs isoliert, sondern vielmehr Teil eines sehr viel größeren Kulturraumes – eben des Alten Vorderen Orients – ist. Assyriens Geschichte ist eingebettet in die Mikro- wie Makrohistorie dieses Raumes, seine spezifischen Bedingungen, seine kulturellen Entwicklungen und nicht zuletzt seine Wirkungsgeschichte.

Der hier unternommene Versuch einer Synthese zu Geschichte und Kultur Assyriens ist lückenhaft, in Teilen hypothetisch und bisweilen einseitig. Wichtige Bereiche assyrischer Kulturgeschichte können nur gestreift werden, vieles bleibt unerwähnt. Doch mag vielleicht schon dies Wenige einen Eindruck von den Bedingungen, Möglichkeiten und Grenzen politischer Machtstrukturen im Alten Vorderen Orient vermitteln. Freunden und Kollegen danke ich für Anregungen und Kritik, den Mitarbeitern des Beck Verlages und insbesondere Herrn Stefan von der Lahr für die geduldige Betreuung.

Die folgenden Hinweise zum Text seien noch angefügt: Alle Jahreszahlen im Text beziehen sich – sofern nicht anders angegeben – auf die Epoche vor der Zeitenwende. Für die Regentschaftszeiten der im Text genannten assyrischen Könige sei auf die beigegebene Zeittafel verwiesen. Grundsätzlich wird bei Ortsnamen, Namen von Völkern, Götter- und Personennamen auf eine exakte Transkription mit diakritischen Zeichen verzichtet. Sie werden der deutschen Aussprache folgend wiedergegeben. Einige Namen werden in geläufigen Formen verwendet wie z. B. Sanherib an Stelle von Sin-ache-eriba, Assur statt Aschur. Innerhalb von zitierten Originaltexten markieren (...) Auslassungen, Text in ( ) sinnergänzende Einfügungen oder Erklärungen zum Text, und Text in [ ] im Original abgebrochene, ergänzte Passagen.

I. Landeskunde und Quellen

Geographie und Umwelt

Im modernen Sprachgebrauch beschreibt *Assyrien* einen historisch-geographischen Komplex, der den Kulturen des Alten Vorderen Orients, genauer dem Alten Mesopotamien zugeordnet wird. Als Mesopotamien (wörtlich: Land «zwischen den (beiden) Strömen») wurde ursprünglich nur der nördliche Teil jener Region bezeichnet, die von den beiden großen Strömen Euphrat und Tigris durchflossen wird. Im 1. Jahrhundert n. Chr. erfuhr der Name eine geographische Ausweitung: Er schließt seither auch die südlichen Teile des Zweistromlandes bis hinunter zum Persischen Golf ein. Im Norden bilden die Gebirgsketten des Taurus eine natürliche Barriere; im Osten werden die weiten Schwemmlandebenen Mesopotamiens durch die Ausläufer des iranischen Hochlandes und im Westen durch die syrisch-arabischen Wüstengebiete begrenzt. Ungeachtet dieser ‹natürlichen› Grenzen bestanden stets intensive Kontakte nicht nur zu den Mesopotamien unmittelbar benachbarten Gebieten, sondern auch zu sehr viel weiter entfernten Kulturräumen.

Im geopolitisch-kulturellen Sprachgebrauch findet *Assyrien* sein Gegenstück in der Bezeichnung *Babylonien,* indem *Babylonien* für den südlichen Teil und *Assyrien* für den nördlichen des Zweistromlandes steht. In einem engeren historischen Sinne bezieht sich *Assyrien* auf jene Staatengebilde, deren Kerngebiet sich westlich und östlich des Tigris etwa zwischen Oberem (Großem) und Unterem (Kleinem) Zab erstreckte – unabhängig von den im Laufe der Jahrhunderte tatsächlich erreichten geographischen Ausdehnungen. Damit entspricht das Kerngebiet Assyriens um die Städte Ninive, Arbela und Assur in etwa dem heutigen nördlichen Irak (s. Karten A, B).

Die verschiedenen Verwendungsweisen des Toponyms ‹Assyrien› haben ihre Wurzeln in der Vergangenheit. Das Wort *Assy-*

rien ist eine Entlehnung aus dem Griechischen; die Griechen hatten ihrerseits die akkadische Eigenbezeichnung *mat Aschur* «Land (der Stadt bzw. des Gottes) Assur» übernommen und der Systematik ihrer eigenen Sprache angepaßt. Diese Eigenbezeichnung beschreibt in erster Linie ein Territorium, ein Gebiet, das dem Machtbereich Assurs zugehörig ist. Anders als es der klassische Gebrauch anzudeuten scheint, stehen ethnische Kriterien dabei nicht im Vordergrund. Die der assyrischen Herrschaft unterworfenen Völker waren zwar Untertanen Assurs, keineswegs aber allesamt Assyrer. Bereits die griechischen und später die lateinischen Autoren verwendeten die Bezeichnung Assyrien uneinheitlich, so daß damit in den Quellen das nördliche Mesopotamien, das gesamte Zweistromland, sowie schließlich auch die syrischen Gebiete (Syrien) gemeint sein können. Auch nach der Vernichtung des letzten von einem assyrischen König beherrschten Staates im Jahre 609 blieb der Name Assyrien erhalten. Bis in die römische Kaiserzeit gab es unter den verschiedenen Reichsbildungen immer eine Provinz dieses Namens, deren geographische Erstreckung jedoch nur teilweise mit dem ehemaligen Kerngebiet Assyriens identisch war und im Laufe der Zeit starken Veränderungen unterlag.

Die Region im Bereich des oberen Tigris ist eine teils flache, teils hügelige Landschaft; sie wird im Osten durch die Ausläufer des iranischen Hochlandes, das Zagrosgebirge, begrenzt. In Richtung Westen erstreckt sich zwischen Tigris und Euphrat eine Steppenlandschaft, die heute den Namen Dschesire, «Insel», trägt. Die beiden wichtigsten Zuflüsse des Euphrat, der Habur und der Balich, durchfließen die Dschesire und führten zumindest im Altertum ganzjährig Wasser. Die klimatischen Bedingungen erlaubten einst in den nördlich gelegenen Teilen Obermesopotamiens eine landwirtschaftliche Bewirtschaftung, die ohne künstliche Bewässerung auskam. Heute erscheint das gesamte Gebiet eher trocken. Während im Haburgebiet die Grundwasserspiegel jedoch abgesunken sind, nicht zuletzt wegen der Errichtung moderner Staudämme, verfügt das Osttigrisland über genügend Wasser. Vor 4000 Jahren, dies bezeugen antike Texte, archäologische Befunde und naturwissenschaftliche Untersuchungen zu den Umweltbedingungen des Altertums, gab es eine relativ dichte, durchgängige Vegetation auch in den Steppengebieten. Hügel und Höhenzüge waren mit Bäumen bestanden. Entlang der Flußläufe boten dichte Auwälder und eine artenreiche Vegetation zahlreichen Tieren Nahrung und Zuflucht.

Bevölkerungsgruppen

Das nördliche Zweistromland ist im 3.–1. Jahrtausend ein kulturell heterogener Raum. Kontinuierlich und mehrheitlich ist das gesamte Gebiet zwischen Euphrat und Tigris von verschiedenen semitisch-sprachigen Bevölkerungsgruppen besiedelt. Aus den Gebieten westlich des Euphrat dringen wiederholt neue Gruppen in die Region vor. Bereits im späten 4. Jahrtausend gelangt vor allem über die Handelsrouten sumerisches Kulturgut in das nördliche Zweistromland. Ein Netz von Handelsstationen verbindet die Stadtstaaten des Südens mit den weiter nördlich liegenden Gebieten. Neben Waren aller Art finden auch relativ früh im 3. Jahrtausend die Schrift und mit ihr die sumerische Sprache und ihre Schreibtraditionen den Weg nach Norden. Das Sumerische ist eine agglutinierende Sprache bislang unbekannter Herkunft. Ihr Hauptverbreitungsgebiet ist das südliche Zweistromland, bekannt auch als «Land Sumer», mit großen Stadtstaaten wie z. B. Uruk oder Ur. Über die Verwendung des Sumerischen im nördlichen Zweistromland außerhalb städtischer Zentren mit Schriftkultur ist nichts bekannt.

Seit dem späteren 3. Jahrtausend lassen sich im nördlichen Mesopotamien Volksgruppen nachweisen, die nach ihrer Bezeichnung in jüngeren Texten «Hurriter» genannt werden. Man nimmt an, daß sie aus den Gebirgsregionen im Nordosten Mesopotamiens in die Tiefebenen einwanderten. Ihre Sprache, das Hurritische, ist mit den übrigen aus dem altvorderasiatischen Raum bekannten Sprachen nicht verwandt, sondern weist ebenso wie das im 1. Jahrtausend in der Gegend um den Van-See bezeugte Urartäische eine Reihe von Ähnlichkeiten zu den nordostkaukasischen Sprachen auf. Die Siedlungsgebiete der Hurriter liegen zunächst im östlichen Tigris-Gebiet sowie im Bereich des Oberen Habur-Gebiets in Nordsyrien. Neben archäologischen Funden belegen Hinweise in Texten die Existenz kleiner regionaler Fürstentümer. Wie diese sich zu den verschiedenen überregionalen mesopotamischen Reichsbildungen des späteren 3. und frühen 2. Jahrtausends verhielten, ist weitgehend unklar. Im Verlaufe des 16. Jahrhunderts entsteht ein mächtiger, weite Teile Obermesopotamiens beherrschender hurritischer Territorialstaat, der Mittani genannt wird. Die hurritische Präsenz ist nunmehr im gesamten Gebiet des Fruchtbaren Halbmondes nachzuweisen. In Anatolien wiederum siedeln neben den ursprünglich dort ansässigen indigenen Völkern Bevölkerungsgruppen, die indoeuropäische Sprachen sprechen und seit etwa 2300 in mehreren Schüben nach Anatolien eingewandert sind. Die bedeutendsten unter ihnen sind die Hethiter, die ebenfalls um die Mitte des 2. Jahrtausends ihren Machtbereich weit nach Süden ausdehnen und zu den politischen Großmächten ihrer Zeit zählen. In diesem ‹Schmelztiegel› der Kulturen, am Oberlauf des Tigris, nimmt auch die Geschichte Assyriens ihren Anfang.

Formen der Überlieferung

Wer die Geschichte Assyriens kennenlernen will, sollte sich zunächst der Formen der Überlieferung vergewissern, die Aufschluß über Kultur und Gesellschaft geben können. Da sind jene großräumigen Befunde, die unmittelbar und mittelbar durch Einwirkung des Menschen auf seine Umwelt zustande kommen, wie etwa Bauwerke, Siedlungen, Verkehrswege, aber auch die Spuren der Ausbeutung von Rohstoffvorkommen, der landwirtschaftlichen Nutzung oder der Veränderung von Wasserläufen. Die Analyse dieser archäologischen Befunde sowie zugehöriger Objekte ermöglicht Rückschlüsse auf Techniken und Technologien, Nutzungsformen und – in begrenztem Umfang – auch auf gesellschaftliche Strukturen. Aus der Gestaltung von Gegenständen des täglichen Bedarfs aber auch und vor allem von Objekten, die der Selbstdarstellung, dem individuellen Prestige oder dem Kult dienten, können wir Einsichten in die Wahrnehmungsweise der Menschen dieses Kulturraumes, ihre Auseinandersetzung mit ihrer Umwelt und in daraus resultierende Anschauungen gewinnen. Haushalts- und Gebrauchsgegenstände, Keramik, Werkzeuge, Gräber zählen neben Architektur zu den wichtigsten archäologischen Fundgruppen. Hinzu treten auf regionaler und überregionaler Ebene Siedlungsanalysen und Beobachtungen zur «archäologischen Landschaft». Naturwissenschaftliche Untersuchungen liefern Daten über Umweltbedingungen, Fertigungstechniken oder Rohstoffquellen.

Schriftquellen ergänzen und erweitern die archäologischen Funde und Befunde. Sie erschließen zudem Bereiche, die durch archäologische Analyse allein kaum zugänglich sind, wie umgekehrt die schriftliche Überlieferung ohne archäologische Befunde nur beschränkt aussagekräftig ist. Durch Texte erhalten wir Einblick in Wirtschaft und Verwaltung, in Rechtswesen, religiöse Anschauungen, Literatur, Wissenschaften und vieles andere mehr. Wir lernen die Organisation des Schulbetriebs ebenso kennen wie etwa die Auseinandersetzung in einem Erbstreit; kunstvoll komponierte Mythen haben sich ebenso erhalten wie Bettelbriefe, ausführliche Tatenberichte des Königs, medizinisch-diagnostische Traktate oder Rezepturen zur Herstellung von Glas.

Die Entzifferung der Keilschriften, der wir diese Erkenntnisse verdanken, gelang in mehreren Etappen kurz nach der Mitte des 19. Jahrhunderts n. Chr. Der Name Keilschrift leitet sich von dem charakteristischen Merkmal dieser Schriftsysteme her, den keilförmigen kleinsten Elementen der Schriftzeichen. Die Keilschrift entwickelte sich aus anfänglich stark bildhaften Zeichen, die in feuchten Ton eingeritzt bzw. eingedrückt wurden. Diese ältesten schriftlichen Notationssysteme wurden in der zweiten Hälfte des 4. Jahrtausends im südlichen Irak im Rahmen einer zunehmend komplexer werdenden Wirtschaftsverwaltung entwickelt. Die neue Kulturtechnik des Schreibens verbreitete sich rasch und erfuhr eine Ausweitung auf andere, nicht wirtschaftsgebundene Bereiche. Eine beständige Weiterentwicklung der Schreibtechniken und des Zeichenrepertoires führte schließlich zu jenen Zeichenformen, die wir heute als Keilschrift bezeichnen. Zunächst für Schriftträger aus (feuchtem) Ton – einem Material, das im gesamten Zweistromland zur Verfügung stand – bestimmt, wurde die Keilschrift bald auch auf anderen Schreibmaterialien wie Stein, Metall, Wachs und vermutlich auch auf Holz verwendet.

Wahrscheinlich schon in der Anfangsphase der Schriftentwicklung, sicher aber während des gesamten 3. Jahrtausends wurden die Texte in sumerischer Sprache, der dominierenden Sprache des südlichen Mesopotamiens, abgefaßt. Bald trat eine andere, eine semitische Sprache hinzu, das Akkadische. Auch blieb die Keilschrift keineswegs auf das Zweistromland beschränkt. Früh wurde im östlich gelegenen Elam eine eigene keilschriftliche Schrifttradition begründet. Um die Mitte des 3. Jahrtausends wurde Keilschrift im Königreich von Ebla (im westlichen Syrien) geschrieben, im 2. Jahrtausend übernahmen die Hethiter das System für ihre eigene Sprache, das Hethitische, das zu den indoeuropäischen Sprachen zählt. Auch die Hurriter bedienten sich der Keilschrift und in Ugarit, einem Handelsimperium an der Levanteküste, wurde eine alphabetische Variante der Keilschrift entwickelt. Im 1. Jahrtausend schließlich übernahmen und modifizierten die Urartäer in Ostanatolien und später auch die Perser die Keilschrift. Die jüngsten datierten Keilschrifttexte des Zweistromlandes stammen aus dem späten 1. Jahrhundert nach Christus; vermutlich gab es aber auch später noch Gruppen, die über Kenntnisse in Keilschrift verfügten. Zwar sind die Keilschriften heute weitestgehend entziffert und – je nach Umfang der verfügbaren Quellen – auch lexikalisch gut erforscht. Doch nach wie vor erschwert die Vielzahl der verschiedenen Sprachen das Verständnis und die Übersetzbarkeit der Texte, von sachlichen Problemen ganz zu schweigen.

Sprachen und Schriften in der assyrischen Geschichte

Die schriftliche Überlieferung Assyriens ist umfangreich, vielgestaltig und mehrsprachig. Sie weist eine Reihe enger Verbindungen zu den im südlichen Mesopotamien überlieferten Texttraditionen auf: Dies gilt für literarische Texte, wie Mythen, Epen, Hymnen, das gelehrte Schrifttum und einen Teil der kultischen Rituale. Auf dem Gebiet der königlichen *res gestae* – jener Tatenberichte, denen wir unsere Informationen über das Handeln der Herrscher verdanken – haben sich dagegen eigene Formen herausgebildet. Sie zeichnen sich nicht nur durch thematischen Reichtum und eine Tendenz zur annalistischen Erzählweise aus, sondern auch durch ein großes Spektrum an Schriftträgern: Neben den in Stein gehauenen Inschriften und den schlichten flachen Tontafeln kennen wir Herrscherinschriften auf Tonzylindern, Tonprismen, Tonfäßchen sowie auf edlen Metallen und kostbarem Stein.

Der Anteil der Wirtschafts- und Verwaltungstexte, der Rechtsdokumente und des ‹alltäglichen› Schriftverkehrs an der schriftlichen Überlieferung Assyriens ist bedeutend. Im Gegensatz zu den repräsentativen, oft monumentalen Tatenberichten der Herrscher handelt es sich hier um nüchterne, sachbezogene Dokumente, deren historischer Wert sich nicht ohne weiteres erschließt. Und doch sind es diese Texte, die – zusammen mit den archäologischen Befunden – am besten Aufschluß geben über die Lebensumstände der Menschen. Auch in dieser schriftlichen Alltagskultur haben die Assyrer eigene Traditionen entwickelt. So unterscheiden sich die Vertragsformulare assyrischer Rechtsurkunden formal und inhaltlich von den zeitgleich in Babylonien gebrauchten Typen. Die Mehrzahl der Wirtschafts- und Verwaltungstexte wie auch viele Briefe sind in einer in Assyrien verbreiteten Form des Akkadischen abgefaßt. Die Forschung unterscheidet aufgrund von grammatischen und lexikalischen Merkmalen zwei Haupttypen des jüngeren Akkadischen und bezeichnet das im südlichen Zweistromland verwendete Akkadisch als Babylonisch und das im Bereich Assyriens gesprochene Idiom als Assyrisch. Es kann als sicher gelten, daß es innerhalb Mesopotamiens viele regionale und lokale ‹Dialekte› gab, die jedoch keinen Niederschlag in der schriftlichen Überlieferung gefunden haben. Das Sumerische, die Sprache der in Südmesopotamien ansässigen Bevölkerung des 3. Jahrtausends, wurde durch das Akkadische seit der Wende vom 3. zum 2. Jahrtausend zunehmend in die Funktion einer Gelehrtensprache zurückgedrängt. Innerhalb der schriftlichen Überlieferung genießt das Babylonische einen besonderen Stellenwert als Sprache der gelehrten Tradition und der erzählenden Literatur. Die assyrischen Könige haben fast durchgängig ihre offiziellen Inschriften in babylonischem Akkadisch abfassen lassen, Ähnliches gilt für Hymnen und Preislieder.

Im Verlauf des 1. Jahrtausends gewann das Aramäische in Assyrien zunehmend an Einfluß. Diese Entwicklung kann nicht allein aus dem Vordringen aramäischer Bevölkerungsgruppen nach Osten seit dem ausgehenden 2. Jahrtausend erklärt werden. Vielmehr hat die Expansion des assyrischen Reiches selbst diesen Prozeß verstärkt. Durch die Deportationspolitik der assyrischen Könige gelangen aramäisch-sprechende Gruppen in andere Teile des Reiches. Aramäische Wörter wurden ins Assyrische übernommen, es begann eine Phase aramäisch-assyrischer Zweisprachigkeit, vor allem in den nordwestlichen Reichsteilen. Hier finden wir Texte mit je einer akkadischen und einer aramäischen Fassung (Bilinguen). Spätestens im 8. Jahrhundert werden am assyrischen Hof Dokumente auch in aramäischer Sprache abgefaßt. Die Durchsetzungsfähigkeit des mit dem Aramäischen verbundenen Schriftsystems beruht auf einer Eigenschaft, die diese Schrift auf lange Sicht der Keilschrift überlegen machte: Es handelt sich um eine alphabetische Buchstabenschrift. Daher kommt das Aramäische mit einem sehr viel geringen Zeichenbestand aus, als jede noch so reduzierte Form der Silben oder Ganzwortzeichen notierenden Keilschrift. Die stark gerundeten aramäischen Buchstaben sind im Unterschied zu den Keilschriften für das Schreiben auf feuchtem Ton wenig geeignet; auf anderen Schriftträgern aber, auf Holz, Pergament und Papyrus sind die Vorzüge der

Buchstabenschrift überzeugend. Zudem erforderte ihre Beherrschung – anders als die der Keilschrift – nicht unbedingt eine langwierige Ausbildung zum Schreiber. Lesen und Schreiben ließen sich vielmehr relativ leicht erlernen. Der Befund, daß der Anteil keilschriftlicher Texte aus Assyrien sehr viel höher liegt als jener in aramäischer Notierung, darf also nicht als repräsentativ betrachtet werden. Die meisten aramäischen Texte wurden auf vergänglichen Materialien geschrieben und sind daher heute größtenteils verloren.

Chronologie

Schwer zugänglich ist auch die Chronologie des Alten Vorderen Orients. Alle großen altorientalischen Staaten besaßen eigene Methoden und Formen, die Zeit zu ordnen und zu berechnen. Datumsangaben, Termine und zuverlässige Kalkulationen von Zeiträumen sind für komplexe Gesellschaften unabdingbar. Doch nicht immer gelingt es, die jeweiligen ‹Eigenzeit-Systeme› mit unseren modernen Systemen der Zeitrechnung in Übereinstimmung zu bringen. Nach wie vor gibt es Lücken und Unstimmigkeiten in der Chronologie und damit in der Abfolge bzw. dem Nebeneinander der Ereignisgeschichte: Es geht darum, absolute Daten zu gewinnen, Daten also, die sich in die numerische Jahreszählung mit dem Fixpunkt der Zeitenwende unserer modernen Zeitrechnung einfügen lassen.

Daß die altorientalische Geschichte an diejenige des Mittelmeerraumes angebunden werden kann, ist den antiken Historiographen und Chronographen zu danken; sie führen mit präzisen Angaben bis in das ausgehende 7. Jahrhundert zurück. So finden sich in einem *Kanon* genannten Werk des alexandrinischen Universalwissenschaftlers Klaudius Ptolemaios die Abfolgen der Herrscher der letzten babylonischen Dynastie, gefolgt von den (persischen) Achaemeniden und den hellenistischen Königen. Hier können nun zwei assyrische Dokumentationen anknüpfen, die sogenannte *Assyrische Königsliste*, und ein Verzeichnis der assyrischen Jahresbeamten, der *Eponymenkanon*. Mit ihrer Hilfe läßt sich für Assyrien ein relativ stabiles Datengerüst bis etwa zur Mitte des 2. Jahrtausends erstellen. Andere Regionalgeschichten können über Synchronismen – d. h. Personen oder Ereignisse, die als gleichzeitig erkannt und damit indirekt datiert sind – angeschlossen werden. Die *Assyrische Königsliste* bildet also für diesen Zeitraum das Rückgrat der altorientalischen Chronologie. Doch jenseits der Jahrtausendmitte beeinträchtigen Lücken und Unstimmigkeiten zwischen den verschiedenen erhaltenen Versionen der assyrischen Königsliste sowie abweichende Datensequenzen aus anderen Bereichen die chronologische Sicherheit. Auch exakte Daten, die anhand von außerordentlichen astronomischen Ereignissen wie Sonnenfinsternissen errechnet worden sind, bieten nur scheinbare Sicherheit, da in den fraglichen Zeiträumen meist mehrere dieser Naturphänomene stattgefunden haben. Diese Unsicherheiten haben dazu geführt, daß in der Forschung für die erste Hälfte des 2. Jahrtausends (und infolgedessen auch für die vorhergehenden Perioden) verschiedene Chronologien in Gebrauch sind. Daher finden sich in historischen Darstellungen teilweise recht unterschiedliche absolute Angaben für die Zeiträume vor der Jahrtausendmitte. Das relative Verhältnis der Ereignisse zueinander wird von diesen Datierungsproblemen nicht berührt. Für die vorliegende Darstellung wurden die Daten der sogenannten mittleren Chronologie zugrundegelegt, die Paralleldaten der ebenfalls verbreiteten ‹kurzen Chronologie› sind – wo nötig – in Klammern hinzugesetzt.

Ungeachtet dieser spezifischen Probleme altorientalischer Chronologie, lassen sich durch Kombination von ‹gesicherten› Daten viele in den Quellen relativ bestimmte Ereignishorizonte in absolute Daten unserer Zeitrechnung ‹umrechnen›. So fällt z. B. die zwanzigjährige Regentschaft des Königs Adad-nerari II. auf die Jahre 911–891; ein in den assyrischen Texten in das 8. Jahr des Königs datierter Feldzug läßt sich entsprechend herunterrechnen. Die scheinbare Exaktheit der auf diese Weise gewonnen Daten kann freilich nicht darüber hinwegtäuschen, daß für Phasen mit schlechter Quellenlage noch immer große Unsicherheit herrscht: Bisweilen können wir einzelne Jahre recht detailliert rekonstruieren; andererseits gibt es große Zeiträume, über die so gut wie nichts bekannt ist.

Möglichkeiten und Grenzen der Darstellung

Aus diesen knappen Hinweisen zu den Eigenheiten der historischen Überlieferung des Alten Orients werden Möglichkeiten und Grenzen einer kulturgeschichtlichen Darstellung deutlich. Die Quellen dokumentieren, trotz ihrer überwältigenden Fülle und faszinierenden Vielfalt, nur einen kleinen Ausschnitt des Themas. Viele Bereiche bleiben unserem Erkenntnisinteresse und unseren Bemühungen gänzlich verschlossen – nicht zuletzt auch aufgrund der zeitlichen und kulturellen Distanz, die uns von den Menschen jener Zeit trennt und unseren Verständnismöglichkeiten enge Grenzen setzt. Auch dieses Büchlein über Geschichte, Gesellschaft und Kultur der Assyrer ist nicht mehr als eine Skizze, entworfen aus einer notwendig subjektiven Auswahl unter den Quellen, die durch die Zufälle der Überlieferung auf uns gekommen sind.

2. Assur – Etappen einer Wiederentdeckung

Die Anfänge

«*Von den Mauern hatte ich freien Blick über eine weite Ebene, die sich westwärts zum Euphrat hin erstreckt und sich in der dunstigen Ferne verlor. Die Ruinen alter Städte und Dörfer erhoben sich auf allen Seiten. Als die Sonne unterging zählte ich mehr als einhundert Hügel, die ihre dunklen, länglichen Schatten über die Ebene warfen. Dies waren die Überreste assyrischer Zivilisation (...).*» Mit diesen Worten beschreibt der Brite Austen Henry Layard um die Mitte des 19. Jahrhunderts n. Chr. seinen ersten Eindruck von dem Landstrich, der das Zentrum jener einst so mächtigen Zivilisation gebildet hatte.

Zu diesem Zeitpunkt hatte der Wettlauf um die Wiederentdeckung des alten Assyrien bereits begonnen. Doch so eindrucksvoll das Gesamtbild auch sein mag, bei näherer Betrachtung erweisen sich die Ruinen der alten assyrischen Städte zunächst als gewaltige Lehm- und Schuttgebirge. Ihr Anblick ruft die Weissagung des Propheten *Zephania* (2, 13–15) ins Gedächtnis: «*Danach wird er* (Jahwe) *seine Hand gegen Norden recken und wird Assur verderben, wird Ninive zur Einöde machen und dürr wie die Wüste. Und mitten darin werden Herden lagern, allerlei Tiere des Feldes; ihre Säulen werden zu Schlupfwinkeln für Rohrdommel und Igel. Die Eule wird im Fenster singen und der Rabe auf der Schwelle. Das ist die fröhliche Stadt, die so sicher thronte, die in ihrem Herzen sprach: Ich bin's und niemand sonst. Wie ist sie zur Wüste geworden, zum Lager der Tiere! Wer an ihr vorübergeht, zischt sie aus und schüttelt die Hand.*»

Die Kenntnisse der Europäer über Assyrien und die Assyrer waren jahrhundertelang auf die spärlichen Nachrichten des *Alten Testaments,* der Historiker und Ethnographen der griechisch-römischen Antike sowie auf vage Hinweise von Orientreisenden beschränkt. Erst im 19. Jahrhundert n. Chr. änderte sich die Situation. Ausführlichere Beschreibungen der Ruinenstätten und Versuche, diese mit den aus verschiedenen Quellen bekannten Städtenamen zu identifizieren, stießen auf reges Interesse. Die ersten Nachrichten über monumentale Funde erreichten Europa kurz vor der Mitte des 19. Jahrhunderts. «*Ich glaube ich bin der erste, der Skulpturen entdeckt hat, die, wie man annehmen darf, in jene Zeit gehören, in der Ninive in Blüte stand*», schreibt der in Mossul stationierte französische Konsul Paul (Paolo) Emile (Emilio) Bottà im April 1845. Bottà hatte in den Jahren 1842/3 erste Sondierungen in den nahegelegenen Ruinen von Ninive unternommen, sich aber wegen des geringen Erfolges enttäuscht einem anderen gewaltigen Ruinengelände mit Namen Khorsabad zugewandt. Dort stieß er auf jene Skulpturen, von denen er in seinem Brief berichtet – in der irrtümlichen Annahme, er habe Ninive entdeckt. Tatsächlich war er in Khorsabad auf einen Palast des assyrischen

Königs Sargon II. gestoßen, dessen steinernen Relief- und Skulpturenschmuck er der staunenden Öffentlichkeit zunächst in Zeichnungen, wenig später auch im Original präsentierte. Gemeinsam mit dem Zeichner Eugène Flandin legte er 1849 ein eindrucksvolles Werk mit Abbildungen der assyrischen Paläste vor. Der Titel lautet: *«Monument de Ninive découvert et décrit par M. P. E. Botta, mesuré et dessiné par M. E. Flandin. Ouvrage publié par ordre du gouvernement sous les auspices de M. le Ministre de l'Intérieur et sous la direction d'une commission de l'Institut»*. Auf diese Weise erlangte man um die Mitte des 19. Jahrhunderts n. Chr. erstmals zuverlässige Kunde über jene Städte, von denen man zuvor nur in Legenden und Erzählungen gehört hatte.

Beeindruckt von diesen Funden begann wenig später ein Mitglied der britischen Botschaft in Konstantinopel, Austen Henry Layard, ebenfalls Ausgrabungen in einer assyrischen Kapitale durchzuführen. Layard hatte den Vorderen Orient in ausgedehnten Reisen erkundet. Er beherrschte mehrere Sprachen und verfügte über gute Kenntnisse der Landessitten. 1845 n. Chr. erhielt er durch den britischen Gesandten an der Hohen Pforte die finanziellen Mittel und die Erlaubnis, Untersuchungen in einer Ruinenstätte durchzuführen. Layard wählte Nimrud, die Ruinen des antiken Kalchu, die er zunächst ebenfalls für die Überreste der alten Stadt Ninive hielt. Die Arbeiten wurden durch die Behörden vor Ort mißtrauisch beobachtet. Layard hatte sehr schnell Erfolg, bereits wenige Tage nach Beginn der Grabungen stieß er auf gewaltige reliefgeschmückte Steinplatten mit umfangreichen Inschriften in Keilschrift. Wie sich später herausstellen sollte, handelte es sich bei den Reliefs um Teile des Wandschmucks, der ursprünglich für den Palast des assyrischen Königs Assurnasirpal II. (883–859) bestimmt gewesen war.

Nachdem Bottà einige der riesigen Skulpturen seiner Grabung hatte zersägen und nach Paris transportieren lassen, ließ auch Layard einen der steinernen Stierkolosse nach London schaffen. Der Erfolg der Ausstellungen dieser beeindruckenden Beispiele assyrischer Kunst und Handwerkstechnik in Paris und

London führte zu einer Intensivierung der Grabungsbemühungen. Die Grabungstechnik jener Zeit war allerdings im wesentlichen von einem unter modernen wissenschaftlichen Gesichtspunkten fatalen Interesse bestimmt: Die Ausgräber wollten möglichst viele, möglichst eindrucksvolle Stücke finden und in ihre Heimatländer verbringen. Doch die Suche war meist durch Schuttmassen bzw. jüngere Überbauungen behindert. Vor allem in dem nahe Mossul gelegenen Ninive lagerten gewaltige Schuttberge über den assyrischen Palästen, so daß die Ausgräber unterirdische Stollen in die Lehmziegelmassive trieben, um an die begehrten Stücke heranzukommen. Infolge dieser ‹Ausgrabungstechnik› brach der Kollege Layards in Ninive, Hormuzd Rassam, einmal in einer stürmischen, regenreichen Nacht mitsamt Schlafstatt und Zelt in einen solchen Tunnel hinunter.

Zu den bedeutsamsten und gewiß folgenreichsten Entdekkungen zählte neben den steinernen Skulpturen die Auffindung der «Bibliothek» des assyrischen Königs Assurbanipal in Ninive, der letzten offiziellen Hauptstadt des assyrischen Reiches, durch Layard und Rassam. Damit traten zu den bislang vorwiegend gefundenen monumentalen Königsinschriften der Paläste mehr als 25 000 Tontafeln. Sie bilden ein gewaltiges, bis heute nur teilweise erforschtes Erbe des assyrischen Reiches. Ein großer Teil dieser Tafeln enthält Abschriften älterer Texte, die auf Geheiß des assyrischen Königs Assurbanipal für seine Bibliothek zusammengestellt bzw. angefertigt worden waren. Doch darf die enorme Zahl nicht darüber hinwegtäuschen, daß diese Tontafeln nur einen Bruchteil des einstigen Bestandes darstellen. Bibliothekskataloge und Hinweise auf Holztafeln lassen erahnen, wie viel davon unwiederbringlich verloren ist. Neben diese Tafeln, die Überlieferungen aus weit zurückliegenden Jahrhunderten bewahrt haben, treten Texte aus der zeitgenössischen staatlichen Verwaltung: Korrespondenzen mit Amtsträgern, Untertanen, Gesandtschaften, ferner Dokumente der Wirtschaftsverwaltung und juristische Urkunden.

Schließlich fanden sich kultische Texte und literarische Kompositionen aller Art. Diese Texte aus den assyrischen Königspalästen, die Monumentalinschriften assyrischer Herrscher, die gelehrte Literatur die Rechts- und Verwaltungstexte haben die Erschließung der Keilschriftkulturen entscheidend befördert, als man sie einmal lesen konnte.

Die Entzifferung der Keilschrift

Die Entzifferung der Keilschrift nahm ihren Anfang, als der dänische Orientreisende Carsten Niebuhr gegen Ende des 18. Jahrhunderts n. Chr. Abschriften von keilschriftlichen Steininschriften aus Persepolis veröffentlichte. Aus dem Textbild wurde deutlich, daß hier ein Text offenbar in drei verschiedenen Sprachen in Keilschrift festgehalten worden war. Recht bald gelang es, Schriftrichtung und Wortgruppen zu identifizieren. Neben anderen beschäftigte sich auch der Göttinger Gymnasialprofessor Georg Friedrich Grotefend – übrigens aufgrund einer Wette – mit der Entzifferung der (alt)persischen Keilschrift. Dank seiner Kenntnisse der persischen Geschichte (vermittelt durch die antiken Historiker) und seines kombinatorischen Geschicks gelang es ihm, mehrere Namen von persischen Königen und damit – im Jahre 1802 n. Chr. – etwa ein Drittel der altpersischen Keilschriftzeichen zu entschlüsseln. Aufgrund widriger Umstände wurden seine Ergebnisse erst sehr viel später veröffentlicht, so daß sein Anteil an der Entzifferungsgeschichte weitgehend unbekannt blieb. Das Verdienst der Entzifferung der Keilschrift wurde in der Folgezeit zumeist dem britischen Armeeoffizier H. C. Rawlinson zugeschrieben.

Die Entschlüsselung der persischen Keilschrift wurde durch zwei Umstände begünstigt: Die damit geschriebene Sprache war eine indoeuropäische Sprache, und die Zahl der Zeichen und ihre Verwendung erwiesen sich als relativ begrenzt. Größere Schwierigkeiten bereiteten die beiden anderen keilschriftlich geschriebenen Texte, von denen der eine in elamischer, der andere in akkadischer Sprache abgefaßt war, wie sich später herausstellen sollte. Die Ruhmsucht der altorientalischen Herrscher und die gelebte Mehrsprachigkeit der altorientalischen Kulturen waren zunächst nur bedingt hilfreich, da sich mit diesen anderen – noch unbekannten – Sprachen viel komplexere Formen der Keilschrift verbanden. Nachdem man jedoch bei den Bemühungen um die dreisprachigen Inschriften aus Persepolis erste Erfolge erzielt hatte, machte die Entzifferung auch der babylonisch-assyrischen Keilschrift rasch Fortschritte. Zu den aufsehenerregenden Erfolgen gehörte die Identifizierung solcher Königsnamen, die bereits aus der Bibel bekannt waren: Man fand die assyrischen Herrscher Sargon, Asarhaddon und Sanherib, den israelitischen König Jehu. Neben Rawlinson befaßten sich vor allem Edward Hincks, W. H. Fox Talbot und Jules Oppert mit der Entschlüsselung der babylonisch-assyrischen Keilschrift. Das Mißtrauen unter den Forschern bewog die «Royal Asiatic Society» im Jahre 1857 n. Chr., einen Wettbewerb auszuschreiben, durch den die gelungene Entzifferung bewiesen werden sollte. Gegenstand des Wettbewerbs war eine zuvor unbekannte Inschrift des assyrischen Königs Tiglatpileser I., die es zu entziffern und zu übersetzen galt. Die verschiedenen Übersetzungen wurden verglichen; da sie weitgehend übereinstimmten, galt die Entzifferung als gelungen. Damit war ein wichtiger Grundstein für die Erforschung der übrigen in Keilschrift geschriebenen Sprachen gelegt; die wichtigsten sind das Sumerische, das Hethitische, das Elamische und das Hurritische.

Die Forschungen werden ausgeweitet

Auch andere Staaten rüsteten nun Expeditionen aus und beteiligten sich an der Wiederentdeckung der uralten Kulturen des Zweistromlandes. Die Neugier und das Staunen über jene fremdartigen Zivilisationen, die soviel älter waren als alles Bekannte, der Wunsch nach Bestätigung der biblischen Berichte, die Gier nach Kunstschätzen, aber auch wirtschaftliche und politische Interessen trieben die archäologischen Unternehmungen voran. Eine Vielzahl von Ruinenstätten nicht nur im ehemaligen Assyrien, sondern auch im südlichen Zweistromland wurden untersucht und erbrachten neben den begehrten Skulpturen zahlreiche andere Objekte – vor allem aber weitere Keilschrifttexte in allen Formen und Größen. Wissenschaft und Öffentlichkeit zeigten sich lebhaft interessiert an Ergänzungen zu den biblischen Berichten; es erhoben sich jedoch auch Stimmen, die darin weniger eine geschichtswissenschaftliche Herausforderung als vielmehr eine Bedrohung der *Heiligen Schrift* sahen. Das internationale Interesse an der Erforschung der altorientalischen Kulturen und Sprachen erhielt neue Nahrung, als ein Keilschrifttext vorgestellt wurde, der eine enge inhaltliche Parallele zu den biblischen Sintflutberichten enthielt. Spätestens zu diesem Zeitpunkt hatte sich die keilschriftliche Überlieferung endgültig als historische Quelle erwiesen, deren Erforschung und Erschließung eine methodisch und sachlich eigenständige wissenschaftliche Disziplin erforderte. An den Universitäten wurden Lehrstühle zur Erforschung des Alten Orients eingerichtet. Im Jahre 1875 n. Chr. wurde Eberhard Schrader, der als Professor der Theologie in Jena lehrte, auf den ersten Lehrstuhl für Assyriologie – wie die Wissenschaft von Geschichte, Sprachen und Kulturen des Alten Orients genannt wurde – an die Friedrich Wilhelms-Universität in Berlin berufen.

Im Deutschen Reich hatte man das Engagement der übrigen Staaten im Vorderen Orient bis dahin eher von fern beobachtet. Auf die Einrichtung des assyriologischen Lehrstuhls in Berlin aber folgte, nach mehreren Anläufen, im Jahre 1898 n. Chr. die Gründung der Deutschen Orient-Gesellschaft. Sie förderte die Erforschung und Erschließung des Alten Vorderen Orients und finanzierte aus den Mitteln privater Spender sowie Zuwendungen aus der Schatulle Kaiser Wilhelms II. unter anderem eine Ausgrabung in der auf dem Westufer des Tigris gelegenen Ruinenstätte Qalat Schirqat, dem antiken Assur. Der Name der Ruine war aus dort im 19. Jahrhundert gefundenen Inschriften bekannt. Da jedoch erste Sondierungen wenig Spektakuläres zutage förderten, führten die Engländer ihre Grabungen in Assur nicht weiter (es war C. J. Rich, der im Jahre 1821 Assur ‹wiederentdeckt› hatte). Im Herbst des Jahres 1903 machte sich der Architekt und Bauforscher Walter Andrae von Damaskus aus auf den durchaus beschwerlichen Weg zu seiner neuen Wirkungsstätte: *«Die Reise von Damaskus ging auf die damals ein-*

zig mögliche Weise weiter, mit gemieteten Reitpferden, Maultierkarawane und Zelten auf der direktesten Route nach Mossul, die über die gewaltig große Stadtruine von Palmyra führt. Das ist eine echte Wüstenreise bis zum Euphrat mit äußerst unangenehmer Wasserbeschaffung und langen Tagesritten von Brunnen zu Brunnen. Diese liefern schwefeliges, salziges oder brackiges Wasser, manchmal aus einer Tiefe von 70 m. Entsprechend lange Stricke muß man mitbringen, sonst bleibt man 2 Tage ohne Wasser. (...) Verglichen mit dieser Wüstenstraße mit ihren uralten tiefen Brunnen, ist der Weg vom Euphrat zum Tigris quer durch die Dschesire wasserreich. Es kann nur passieren, daß die Wasserstellen von toten Heuschrecken verseucht sind. Heute ist diese Gegend Getreiedeland und wird bestellt. Daß es in alten Zeiten auch so gewesen ist, darauf deuten die vielen kleinen Städteruinen hin. (...) In Mossul wurde die Karawane entlassen. Man setzte uns in ein schwimmendes Hüttchen auf einem Schlauchfloß. Dieses Kelek ist das urälteste Fahrzeug auf dem Tigris, den man damit nur abwärts, nicht aufwärts befahren kann. Die stille behagliche Fahrt dauerte zwei Tage. Dann betrat ich zum erstenmal den Boden der Stadt Assur!» (Andrae, *Lebenserinnerungen* S. 144–146). Die Wahl dieses Grabungsplatzes erwies sich als Glücksfall. (Der erste Leiter der Expedition Robert Koldewey verließ Assur nach kurzem Aufenthalt und Andrae übernahm die Grabung.) Assur konnte zwar in seinen Ausmaßen mit den anderen großen assyrischen Städten nicht mithalten. Doch diese Stadt war die Keimzelle und das Herz Assyriens: Die Stadt Assur war über viele Jahrhunderte das kultische und ideelle Zentrum der assyrischen Kultur.

Im Unterschied zu anderen Völkern und Kulturen des Alten Vorderen Orients waren die Assyrer nie völlig in Vergessenheit geraten. Verschiedene, überwiegend jüngere Überlieferungen haben in verschiedener Form die Erinnerung an sie bewahrt. Damit entstand ein von Vorverständnissen und Ideologien geprägtes Bild Assyriens, das heute anhand der durch die Ausgrabungen gewonnenen Erkenntnisse und Materialien geprüft und revidiert werden muß.

3. Zwischen Selbständigkeit und Fremdherrschaft: Assur bis zur Mitte des 2. Jahrtausends

Die Frühzeit

Das erste politische Zentrum des späteren assyrischen Staates war die Stadt Assur, die etwa 100 km südlich des heutigen Mossul auf dem Westufer des Tigris gelegen ist. Der Höhenzug, auf dessen nördlichem Ausläufer sich die Stadt Assur erhebt, wurde im Altertum Ebih genannt (heute: Dschebel Chanuqa, der weiter südöstlich in den Dschebel Hamrin übergeht). Auf der Ostseite war die Stadt durch den Tigris geschützt, nach Norden erhob sie sich 15 m über die Ebene.

Über eine Siedlungstätigkeit in vor- bzw. frühgeschichtlicher Zeit dort, wo einst Assur entstehen sollte, ist wenig bekannt. Keramikfunde des 6. und 5. Jahrtausends aus dem Osttigrisgebiet zeigen jedoch, daß dieser Raum bereits in den prähistorischen Epochen besiedelt war. Es ist denkbar, daß der landschaftlich markante Ort des späteren Assur schon früh eine gewisse Bedeutung für die in der näheren und weiteren Umgebung lebenden Menschen besaß. So könnte man vermuten, daß er als Orientierungs- und Treffpunkt fungiert und vielleicht auch kultischen Zwecken gedient hat. Möglicherweise ist der später für die Assyrer so bedeutende Gott Assur aus einer lokalen Berggottheit – einer Personifizierung des Gebirges Ebih – hervorgegangen.

Die älteren und ältesten Schichten der Stadt Assur sind aufgrund der Bautätigkeit in jüngeren Epochen schwer zugänglich bzw. teilweise zerstört. An verschiedenen Stellen des Stadtgebietes stießen die Ausgräber um Walter Andrae auf Strukturen, die sie sehr allgemein einer ‹Ur-Phase› der Stadt zuweisen wollten. Spätestens seit der Mitte des 3. Jahrtausends war der Ort wohl dauerhaft besiedelt. Darauf lassen nicht nur Überreste von Wohnhäusern aus altakkadischer Zeit (24.–22. Jahrhundert),

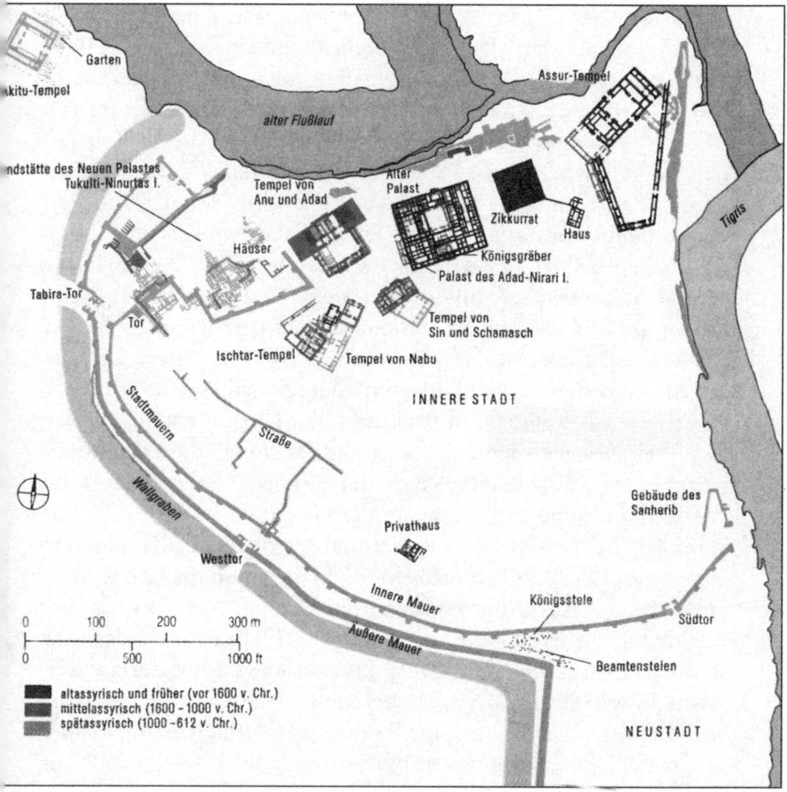

Abb. 1: Plan der Stadt Assur mit den wichtigsten Gebäudekomplexen aus verschiedenen Epochen

sondern vor allem auch die Fundamente eines großen Kultbaus schließen. Die darin gefundenen Objekte – kleine Tonfiguren, Zeremonialgefäße, Ornamente aus wertvollen Materialien – lassen vermuten, daß er ebenso wie die darüber liegenden, jüngeren Folgebauten der für alle orientalischen Kulturen bedeutenden Göttin Ischtar geweiht war. Auch an anderen Stellen der Stadt sind – so zeigen die Keramikfunde neuerer Untersuchungen – entsprechende ältere Siedlungsschichten zu erwarten.

Die ältesten Schriftfunde aus der Stadt Assur datiert man in das 23. Jahrhundert. Unter anderem fanden sich je ein steinerner Keulenkopf mit Weihinschriften der Akkade-Herrscher Rimusch (ca. 2278–2270) und Manischtuschu (ca. 2269–2255). Auch sind einige wenige Verwaltungstexte aus dieser Zeit bekannt. Welchen Status – Provinzstadt, regionales Zentrum, kultisches Zentrum – die Stadt Assur zu Beginn der Akkade-Zeit hatte, bleibt indessen unklar. Es ist davon auszugehen, daß Assur zum Gebiet des Reichs von Akkade zählte. Ein gewisser Ititi weiht Beutestücke aus einem Kriegszug der Ischtar in Assur. Eine andere Weihinschrift stammt von Azuzu, der sich «Diener des Manischtutuschu», des Königs von Akkade nennt. Auch ist die Anwesenheit von Akkadern in den sehr viel weiter nördlich gelegenen Siedlungen Tell Brak und Tell Mozan nachgewiesen. In dieser Zeit ist auch der Name der Siedlung, *Assur,* erstmals belegt. Das ausgedehnte Reich der Könige von Akkade fand nach knapp anderthalb Jahrhunderten um 2200 ein Ende. Die keilschriftlichen Quellen machen dafür vor allem die aus dem iranischen Hochland eindringenden Elamer und die Gutäer verantwortlich. Auch hatten sich die Könige von Akkade der Amurriter zu erwehren; diese semitisch-sprachigen Stämme sind bereits um die Mitte des 3. Jahrtausends unter der sumerischen Bezeichnung MAR.TU bekannt – sie scheinen zunächst vor allem westlich des Euphratbogens aufzutreten, dringen aber in der zweiten Hälfte des 3. Jahrtausends nach Osten und vor allem Südosten vor. Nach dem Zusammenbruch des Reiches von Akkade entstanden viele kleinere politische Einheiten. Für diese Frühzeit sind noch keine Kontakte zwischen Assur und den frühbronzezeitlichen Siedlungen im Westen nachzuweisen.

Um die Wende vom 22. zum 21. Jahrhundert gelingt es den Herren der südmesopotamischen Stadt Ur, eine Reihe souveräner Städte und Fürstentümer unter ihre Herrschaft zu bringen. Unter den Herrschern dieser sogenannten III. Dynastie von Ur (auch Ur-III-Zeit genannt, ca. 2112–2004, die sumerische Überlieferung kennt noch zwei ältere Herrschergeschlechter in Ur) nahm Ur eine Vormachtstellung im südlichen Mesopotamien ein. Es entstand ein Territorialreich, das in verschiedene regionale Verwaltungseinheiten gegliedert war. Zu Beginn des 21. Jahrhunderts fiel offenbar auch die Region um Assur an die Herren von Ur. Die Stadt Assur, wiewohl sicher an der Peripherie des Reiches gelegen, wurde abgabenpflichtig. Das Gebiet wurde von Statthaltern des Königs von Ur kontrolliert – namentlich bekannt ist allerdings nur Zarriqum, der unter Amar-Sîn von Ur zeitweilig Assur verwaltete. Es bleibt unklar, wie stabil diese Einbindung war. Wann und unter welchen Umständen es Assur gelang, sich der Herrschaft von Ur zu entziehen, ist ungewiß, da weder Texte noch archäologische Funde hierüber Aussagen erlauben. Spätestens jedoch mit dem endgültigen Zusammenbruch des Reiches von Ur infolge massiver kriegerischer Auseinandersetzungen und innenpolitischer Instabilität zum Ende des 3. Jahrtausends, dürfte Assur zunächst seine Selbständigkeit wiedergewonnen haben. Doch noch immer fehlen aussagekräftige Quellen aus Assur selbst, die genaueren Aufschluß über die Situation der Stadt zu diesem Zeitpunkt bieten könnten.

Der Beginn des 2. Jahrtausends – Assur, die Handelsmetropole

Einem glücklichen Zufall ist es zu verdanken, daß das frühe 2. Jahrtausend nicht auch zu den dunklen Phasen der assyrischen Geschichte zählt. Die Informationen kommen nicht aus Mesopotamien, sondern aus Zentralanatolien. Dort entdeckte man Ende des 19. Jahrhunderts n. Chr. in der Nähe der Stadt Kayseri die Ruinenstätte Kültepe, wo man seither mehr als 21 000 Keilschrifttafeln zutage gefördert hat. Man nannte diese Texte nach ihrem Fundort in der antiken Landschaft Kappadokien «kappadokische Tafeln». Im Laufe der Zeit stellte sich heraus, daß diese Texte nicht in einer anatolischen, sondern in einer semitischen Sprache abgefaßt waren, und zwar offensichtlich in der ältesten Form des von den Assyrern gesprochenen Akkadisch. Man nennt diese Sprachstufe aufgrund ihrer Eigenheiten ‹Altassyrisch› und unterscheidet sie von den jüngeren Sprachstufen ‹Mittelassyrisch› aus der 2. Hälfte des 2. Jahrtausends und ‹Neuassyrisch› aus der 1. Hälfte des 1. Jahrtausends. Diese Sprachstufen werden konventionell und ungenau mit drei Hauptphasen der politischen und kulturellen Geschichte Assyriens gleichgesetzt, so daß man z. B. auch von neuassyrischen Reliefs oder mittelassyrischen Königen sprechen kann.

Die Ruine Kültepe, in der Antike Kanesch genannt, erwies sich als eine im 3. vorchristlichen Jahrtausend gegründete Siedlung, an deren Rand sich eine Niederlassung assyrischer Kaufleute befand. Aus diesem Händlerviertel stammen die altassyrischen Tafeln. Aus den Texten erfahren wir, daß diese assyrische Handelsniederlassung – akkadisch *karum* genannt, was soviel wie «(Handels)-Kai» bedeutet – ein Zentrum eines weitgespannten Netzes von größeren und kleineren Handelsemporien der Stadt Assur am Tigris bildete, das seit dem 20. Jahrhundert ganz Anatolien und Nordsyrien erschloß. Viele dieser Orte sind namentlich bekannt, einige können mehr oder weniger genau lokalisiert werden.

In welchem Umfang bereits im 3. Jahrtausend Kontakte zwischen Assur und Anatolien bestanden, ist heute noch unsicher. Auch wurden bisher nur wenige altassyrische Texte in Assur selbst gefunden – entsprechende Schichten in den Wohnvierteln sind noch nicht systematisch ergraben. Daß wir über die Umstände der Handelstätigkeit Assurs in Zentralanatolien so viel besser informiert sind, ist also allein dem Zufall der Überlieferung geschuldet. Die Regionen Nordsyriens waren mit Sicherheit in diesen Handel und seine Institutionen einbezogen, zumal sie Transitgebiete für den Anatolienhandel waren. Hinweise auf die Existenz von lokalen Handelsniederlassungen im Gebiet des Oberen Habur und des Balich finden sich z. B. in den Texten aus Schechna (heute: Tell Leilan). Aus ihnen wird deutlich, daß nicht nur Assur sondern auch andere Städte an verschiedenen Orten über vergleichbare Handelskontore verfügten.

Das Transitwesen und die Handelstätigkeit der Kaufleute aus Assur wurde durch Abmachungen mit den jeweiligen lokalen Fürsten in Anatolien und Nordsysrien geregelt. Dies geht indirekt aus Hinweisen in der Korrespondenz der Händler hervor und findet seine Bestätigung in einem Vertrag, der in den Palastarchiven der Stadt Schechna gefunden wurde. Es ist anzunehmen, daß vergleichbare Abmachungen auch mit anderen Orten bestanden haben, wenngleich möglicherweise nicht immer in schriftlicher Form. Ziel solcher Verträge war es, das Handelsmonopol Assurs mit dem Herrschaftsmonopol des jeweiligen Regenten abzustimmen. Die formalen Abläufe, die zum Abschluß solcher Vereinbarungen führten, sind nur ungenügend bekannt und mögen regional und zeitlich verschieden gewesen sein. In dem einzigen erhaltenen Vertragsexemplar erscheinen Till-Abnû, der Herrscher von Apum, und die Stadt Assur als Vertragsparteien. Das Land Apum mußte auf dem Handelsweg, der von Assur über das Haburgebiet nach Zentralanatolien führte, durchquert werden. Nicht nur der Durchgangsverkehr, sondern auch die Einrichtung von Handelsniederlassungen war auf Duldung und Mitwirken des lokalen Machthabers angewiesen. Dieser gewährte den Handelskarawanen Schutz für den Transit und – in gewissem Umfang – Beistand gegen räuberische Überfalle auf seinem Territorium. Im Gegenzug wurden die Handelsgüter aus Assur besteuert und weiterführende Handels- und Monopolrechte an den einheimischen Herrscher abgetreten. Trotz relativ harter Bedingungen war der Handel offenbar so lukrativ, daß er über mehrere Generationen aufrechterhalten wurde.

Wichtigste Objekte des über dieses Netzwerk abgewickelten Tauschhandels waren Zinn und Textilien, für die man in Anatolien wertvolle Edelmetalle erhielt. In Assur ansässige Händler kauften dort Zinn, das über die Handelsrouten aus den Minen des iranischen Hochlandes nach Assur gelangte, sowie Stoffe und Fertigtextilien, zumindest zu Teilen auch südmesopotamischer Herkunft. Mit Eselskarawanen schaffte man die Waren nach Anatolien. Eine solche Reise dauerte unter guten Bedingungen etwa sechs Wochen. Während des Winters waren die Kontakte aufgrund der widrigen Wetterbedingungen in den Gebirgen unterbrochen. Die Gewinnspannen der Händler waren enorm: Für Zinn, das man in Anatolien zur Bronzeherstellung benötigte, erhandelte man das Doppelte des Einkaufspreises, und bei Textilien war das Dreifache zu erzielen. Dagegen tauschten die assyrischen Händler Gold, Silber und andere begehrte Waren des anatolischen Hochlandes. Die Abwicklung der Tauschgeschäfte unterlag strengen Regeln. Verstöße wurden von den zuständigen Institutionen im Interesse eines Fortbestehens der diffizilen Beziehungen zwischen Assur und den anatolischen Fürstentümern hart geahndet. Das dichte Netzwerk von größeren und kleineren Relaisstationen entlang der wichtigsten Handelsrouten und der Zusammenschluß der Kaufleute zu Handelsgemeinschaften minderte die hohen Risiken solcher Unternehmungen.

Die Nutzung des Karum Kanesch, wie Kültepe damals genannt wurde, durch Händler aus Assur setzt etwa um die Mitte des 20. Jahrhunderts ein. Die meisten Häuser des Karum waren ein- oder zweistöckig und verfügten über Werkstattbereiche, Geschäftsräume, Speicher und Höfe. Form und Ausstattung orientierten sich an den einheimischen Bautraditionen. Wertgegenstände, Waren und Dokumente verwahrten die Händler in besonders gesicherten Räumlichkeiten, die teilweise sogar versiegelt wurden. In vielen Häusern fand man Archive mit den Geschäftsunterlagen der Kaufleute; manche bestanden nur aus wenigen Tafeln, andere umfaßten viele hundert Texte. Darunter finden sich Korrespondenzen mit assyrischen, aber auch mit einheimischen Geschäftspartnern, ferner Inventare, Rechnungen, Protokolle und Verträge. Diese Texte informieren über zahlreiche Details der Handelsunternehmungen.

Die assyrischen Händler waren nicht der lokalen Jurisdiktion unterworfen, sondern der assyrischen Rechtsprechung. Die Handelsniederlassung verfügte über eine eigenständige, mehrstufige Verwaltung und Institutionen, die wohl im wesentlichen denen der Stadt Assur entsprachen. Die Leitungsinstanzen des Karum verhandelten mit den lokalen Herrschern und vertraten vor ihnen die Interessen des Karum und seiner Bewohner. Diese Verwaltung war zudem für Steuern und Abgaben zuständig und hielt den Kontakt mit Assur. Dort befanden sich die Stammhäuser der verschiedenen Handelsfirmen. Der Prinzipal hielt sich wohl überwiegend in Assur auf, während jüngere Geschäftspartner – meist Familienangehörige – die Reisetätigkeit und den Handel vor Ort übernahmen. Regelmäßig fanden sich mehrere Parteien zu gemeinsamen Handelsunternehmungen zusammen. Die Bedingungen und Anteile dieser Geschäftstätigkeit wurden stets sorgfältig aufgezeichnet, ebenso Gewinne und Verluste. Der Kontakt zwischen den weit entfernten Orten erfolgte weitestgehend durch Korrespondenzen, wie sie unter anderem in den Archiven des Karum Kanesch gefunden worden sind.

Die Geschäfte waren gelegentlich kompliziert, Betrügereien und Vorteilsnahme nicht ausgeschlossen: «*An Liptanum, (...) so (spricht) Aschur-schad-ili: Zwei Minen Silber zu je 1 ¼ Schekel (Zins) auf 1 Mine sind zurückgezahlt. 9 Schekel hat Ili-bani, gemäß deiner bei ihm befindlichen Hüllentafel, (aus der hervorgeht), daß ich dein Schuldner bin. Ili-bani hat nun hier eine (eine entsprechende) Tafel mit meinen Siegeln übernommen, (für den Fall daß) eine gefälschte Tafel über 2 Minen Silber samt Zins(forderung) auftauchen sollte. (...)*»

Assur profitierte vom Anatolienhandel; die strategisch günstige Position der Stadt als Drehscheibe des Handels scheint ihr Hauptkapital gewesen zu sein. Darauf deutet auch ein Erlaß des altassyrischen Herrschers Iluschuma von Assur hin. Dieser hat, so erfahren wir aus einer Inschrift, den Untertanen wichtiger Stadtstaaten in Südmesopotamien, unter ihnen die Städte Der, Nippur und Ur, Lasten- bzw. Abgabenfreiheit zuerkannt. Da von weitreichenden Eroberungszügen dieses Herrschers nichts bekannt ist, muß man annehmen, daß auf diese Weise die Handelstätigkeit unterstützt werden sollte. Ein ähnliches Dekret seines Nachfolgers Erischum I. stellt verschiedene Güter, nämlich Silber, Gold, Blei und Zinn, abgabenfrei für die Einwohner der Stadt Assur. Damit waren die in Assur ansässigen Handelskontore von inländischen Steuern auf das Tauschgut weitgehend entlastet. Wie lange solche Privilegien Gültigkeit hatten, ist nicht bekannt.

In dieser Zeit dürfte sich der direkte machtpolitische Einfluß der Stadt Assur auf das unmittelbare Umland beschränkt haben, Assur also eine Handelsmetropole mit einem begrenzten Hinterland gewesen sein. Verläßliche Nachrichten dazu fehlen allerdings bislang. Die Ausgrabungen in Assur haben nur wenig Material erbracht, und systematische Untersuchungen der unmittelbaren Umgebung fanden, entsprechend der damaligen Ausgrabungsstrategie, nicht statt. Kurze Inschriften berichten über kleinere und größere Baumaßnahmen, die Errichtung neuer Gebäudekomplexe (z. B. Tempel) oder auch die Wiederherstellung baufälliger Anlagen, wie der Stadtmauer von Assur. Diese Arbeiten werden auf Befehl des Herrschers aus den Einkünften der Stadt finanziert; gelegentlich ergeht ein unmittelbarer Aufruf zu Beiträgen an die Kolonien in Anatolien. Weihungen an verschiedene Gottheiten verweisen auf das vielfältige religiöse Leben der Stadt. Der Kult des Stadtgottes Assur genoß schon zu dieser Zeit besondere Aufmerksamkeit.

Für Erkenntnisse über die politischen Strukturen der Stadt sind wir im wesentlichen auf Hinweise in der altassyrischen Korrespondenz angewiesen. An der Spitze der Handelsstadt stand ein Herrscher, der Titel wie «Edler» oder «Herr» trug. Er selbst betrachtete sich als «Statthalter» bzw. «Verwalter» des Stadtgottes Assur, der der eigentliche (Ober-)Herr war. Diese Konstruktion ist aus den sumerischen Stadtstaaten des Südens wohlbekannt. Die Stellung des Herrschers von Assur scheint die eines *primus inter pares* unter den verschiedenen einflußreichen Familien der Stadt gewesen zu sein. Über die Modalitäten, die zur Bestimmung und Einsetzung des Herrschers führten, ist nichts bekannt.

Etwa um das Jahr 1830 (*1770*) wurde Karum Kanesch in Anatolien durch eine Katastrophe weitgehend zerstört, möglicherweise infolge von Spannungen zwischen den lokalen anatolischen Fürstentümern. Die Einwohner verließen die Siedlung fluchtartig und nahmen anscheinend nur das Nötigste und Wertvollste mit; Hausrat und Geschäftsunterlagen ließen sie zurück. Nach einer gewissen Zeit aber nahmen die Assyrer offenbar ihre Handelstätigkeit, wenn auch wohl in geringerem Umfang, wieder auf. Die Dauer der Unterbrechung ist in der Forschung umstritten – ein Zeitraum von einem oder wenigen

Jahren bis hin zu einer Generation (etwa 30 Jahre) wird derzeit für möglich gehalten. Vieles scheint für eine rasche Wiederaufnahme des Handelsbetriebes zu sprechen: Einige Quartiere waren von der Zerstörung verschont geblieben und konnten alsbald weitergenutzt werden; die Wiederbelebung des Handels dürfte im Interesse aller Beteiligten gewesen sein. Diese zweite Phase in der Geschichte des Karum ist – im Vergleich zu der älteren Situation – weniger gut dokumentiert und scheint insgesamt höchstens 70 Jahre gedauert zu haben.

Assur unter Schamschi-Adad I.

Ob die Initiative zum Neubeginn mit den Veränderungen in Obermesopotamien und vor allem in Assur selbst zusammenhängt, ist bislang ungeklärt. Nachhaltig wurde die politische Landschaft des nördlichen Mesopotamien durch Schamschi-Adad I. verändert. Dieser entstammte der amurritischen Herrscherdynastie von Ekallatum, einem Ort, der wohl nicht allzu weit von Assur entfernt lag, aber noch nicht sicher lokalisiert werden konnte. Er scheint um 1830 (*1770*) den Thron von Ekallatum übernommen zu haben, sich dann aber eine Zeit lang in Babylonien aufgehalten zu haben. Wenige Jahre nach seiner Rückkehr nach Ekallatum ging er etwa im Jahre 1808 (*1748*) gegen Assur vor, unterwarf die Stadt, setzte den dort regierenden Erischum II. ab und übernahm selbst den Thron. In den folgenden Jahren gelang es ihm, das gesamte nördliche Zweistromland bis hinüber zum Euphrat, einschließlich der Stadt Mari, unter seine Kontrolle zu bringen. Bündnisse mit anderen politischen Kräften führten zu einer stetigen Vergrößerung seines Reiches.

Um das geographisch ausgedehnte Herrschaftsgebiet unter Kontrolle zu halten, wählte Schamschi-Adad einen ungewöhnlichen Weg: Er setzte seine beiden Söhne als Subregenten ein. Ischme-Dagan übernahm den Palast von Ekallatum und den östlichen Reichsteil, Jasmach-Adad residierte in Mari und kontrollierte das Euphratgebiet. Schamschi-Adad selbst wählte das im Zentrum des Reiches gelegene Schechna als Residenz und verband diesen Akt mit einer Umbenennung der Stadt in Schubat-Enlil («Wohnsitz des Gottes Enlil». Enlil war der Stadtgott der in Babylonien gelegenen uralten Stadt Nippur und zählte zusammen mit Anu und Ea zu den höchsten Göttern des südmesopotamischen Pantheons; er galt als Schutzgottheit des Königtums). Schamschi-Adad I. konzentrierte mit dieser Lösung die politische Macht weiterhin in den Händen einer Familie; zugleich aber verdreifachte sich die königliche Präsenz im Reich. Schamschi-Adad I. selbst trug den Titel ‹Großkönig›, während seine beiden Söhne sich als ‹König› titulieren ließen.

Obwohl die Stadt Assur aufgrund ihrer Lage für die geopolitischen Strukturen des Reiches von Schamschi-Adad I. allenfalls eine untergeordnete Rolle spielte, hat der Hegemon ihr einige Aufmerksamkeit gewidmet. Zu seinen wichtigsten Unternehmungen in Assur zählt die Um- bzw. Neugestaltung des Tempels für den Stadtgott Assur, dessen Strukturen für alle Nachfolgebauten bestimmend blieben. Der neue Herrscher von Assur, der sich – anders als die altassyrischen Herrscher – in Anlehnung an die Herrscher von Akkade «König der Gesamtheit» nannte, trat mit seinen Bauprogrammen – nicht nur in Assur, sondern auch in anderen Städten – sichtbar in die Tradition herrscherlicher Pflichten ein. Die Tatsache, daß er den jeweiligen lokalen Gottheiten Respekt und Verehrung zollte, zeugt von politischer Weitsicht, vermied er es doch auf diese Weise, religiös motivierte Opposition zu provozieren.

Trotz der machtpolitisch wohlüberlegten Konstruktion war das ausgedehnte Reich von Schamschi-Adad I. nicht von langer Dauer. Mit seinem Tod 1775 (*1715*) zerfiel das Reich, die unterworfenen Staaten und Fürstentümer erlangten ihre Selbständigkeit wieder, und die vertriebenen Herrscherdynastien kehrten an die Macht zurück. Die politische Fragmentierung Obermesopotamiens führte zu immer neuen Koalitionen – kleinere ‹Könige› scharten sich um politisch einflußreiche Machthaber. Dies vermeldet ein Diplomat des Königs von Mari schriftlich seinem Herrn: «*Es gibt nicht einen König, der für sich allein wirklich Macht besitzt. Zehn bis fünfzehn Könige folgen Hammurabi, dem König von Babylon, ebenso viele dem Rim-Sîn, dem Herrn von Larsa, ebenso viele dem Ibal-pi-El, dem Herrn von Eschnunna, ebenso viele dem Amut-pi-El, dem Herrn von Qatna. Zwanzig Könige aber folgen Jarim-Lim, dem Herrn von Jamchad.»*

Auch Ischme-Dagan, der Sohn des Schamschi-Adad I., ist auf Allianzen angewiesen, um sich und seinen Nachkommen zumindest in Ekallatum den Machterhalt zu sichern. Schenkt man den Angaben der assyrischen Überlieferung Glauben, so hat er darüber hinaus auch den Thron von Assur halten können. Wie sich dies angesichts der immensen außen- und innenpolitischen Schwierigkeiten gestaltet haben mag, und weshalb nicht auch Assur den Tod Schamschi-Adads I. genutzt hat, um Autarkie zu erlangen, entzieht sich unserer Kenntnis. Erst später hat sich unter den alteingesessenen Familien Assurs offenbar Widerstand gegen die Nachkommen des Nicht-Assyrers Schamschi-Adad I. geregt.

Ein neues Großreich – Mittani

Im Verlauf des 16. Jahrhunderts beginnen offenbar verschiedene der bereits seit dem späten 3. Jahrtausend in Obermesopotamien ansässigen hurritischen Fürstentümer sich unter einem Großkönig neu zu formieren. Noch stellen sie jedoch keine wirkliche Gefahr dar, denn als der Hethiterkönig Murschili I. 1595 (*1531*) in rascher Folge die zahlreichen syrischen Stadtstaaten und Kleinfürstentümer unterwirft und euphratabwärts bis nach Babylon vordringt, kommt es zu keiner nennenswerten Gegenwehr. Zu Beginn des 15. Jahrhunderts jedoch nutzen die Hurriter eine vorübergehende Schwäche der Hethiter und bemächtigen sich Nordsyriens. In den Quellen begegnen sie nun als veritable Großmacht unter dem Namen Mittani. Nordsyrien ist damit zum Zankapfel machtpolitischer Interessen geworden: Ägypten drängt von Süden her, die Hethiter von Norden, und aus dem Osten droht Mittani. In immer neuen Bündnisverträgen mit den vielen kleinen Königen und Fürsten versuchen die drei Großmächte ihren Einfluß in diesem Gebiet zu stabilisieren – mit wechselndem Erfolg.

Aufgrund ihrer geographischen Lage innerhalb des mittanischen Machtgebietes ist die Stadt Assur von diesen Auseinandersetzungen nicht unmittelbar berührt. Welchen politischen Status sie allerdings innerhalb des Mittani-Reiches besaß, ist unklar. Die *Assyrische Königsliste* enthält keine Hinweise auf Fremdherrscher, sondern führt eine ununterbrochene Reihe von assyrischen Königen auf. Inwieweit dies die politische Realität der Zeit spiegelt, bleibt einstweilen offen. Es gibt Hinweise auf ein offensichtlich eigenständiges politisches Handeln seitens der Könige von Assur. Die archäologischen Befunde dieser Phase beschränken sich bislang im wesentlichen auf Siegelabrollungen und Keramik.

4. Das «Land Assur» die Entstehung eines assyrischen Territorialstaates

Der politische Aufstieg Assurs

Während Mittani in Nordwestsyrien in Auseinandersetzungen mit Ägypten verwickelt war, schloß der regierende König von Assur Puzur-Assur III. ein bilaterales Abkommen mit dem einflußreichen Herrscher von Karduniasch, wie das südliche Mesopotamien damals genannt wurde. Es ist dies der erste einer beträchtlichen Anzahl von Verträgen, die im Laufe der folgenden Jahrhunderte zwischen Babylonien und Assyrien geschlossen werden. Über diese Allianzen wie auch über kriegerische Auseinandersetzungen berichtet die sogenannte *Synchronistische Geschichte*, ein Text, in dem die Beziehungen zwischen Assyrien und Babylonien über viele Jahrhunderte hinweg verzeichnet sind. Ob eine Lieferung von 20 Talenten Gold aus Ägypten mit diesen außenpolitischen Aktivitäten Assurs zusammenhängt, ist noch nicht geklärt. Doch Mittani hat offenbar ein wachsames Auge auf die Stadt am Tigris. Wohl im Jahre 1421 unternimmt der mittanische König Sauschtatar eine Strafexpedition gegen Assur, plündert die Stadt und bringt die Beute – unter anderem ein mit Gold und Silber beschlagenes Portal – in seinen Palast nach Waschukanni, die damalige Hauptstadt des mittanischen Staates.

Zu Beginn des 14. Jahrhunderts kam es innerhalb des Herrscherhauses von Mittani zu Thronfolgestreitigkeiten. Zwei rivalisierende Zweige der königlichen Familie und ihre jeweiligen Anhänger bekämpften sich, die politische Lage wurde instabil. Diese Situation wurde von den benachbarten Mächten sorgfältig beobachtet und genutzt. Hethiter und Assyrer ergriffen Partei für je eine der beiden Seiten; so erlangte die einstige Großmacht Mittani strategische Bedeutung. Der Regent von Assur, Assur-uballit I. unterstützte eine Seitenlinie des mittanischen Königshauses gegen den von den Hethitern protegierten legitimen Nachfolger des ermordeten Königs Tuschratta. Beider Unterstützung war teuer erkauft. Die Assyrer erhielten im Gegenzug den Königsschatz, ein Teil der mittannischen Oberschicht wurde als Geiseln an Assyrien ausgeliefert, das mittanische Kernland von Assyrien besetzt. Zwar konnte sich die von den Assyrern favorisierte Linie letztendlich nicht durchsetzen, denn der von den Hethitern militärisch unterstützte Thronprätendent gewann Teile des ehemaligen Reiches zurück und wurde von den Hethitern als König inthronisiert. Dennoch trat Assur mit diesem demonstrativen Akt als eigenständige politische Größe in den Blick der anderen Großmacht, der Hethiter. Ein Gefolgschaftsvertrag zwischen Hatti und Mittani und die Verheiratung des neuen Königs mit einer hethitischen Prinzessin dokumentieren – allerdings nur scheinbar – eine gewisse Autarkie des Königs von Mittani. *De facto* war das ehemalige Reich von Mittani zu einem hethitischen Marionettenstaat geworden, eine Pufferzone gegen das westwärts expandierende Assur.

Assur-uballit I. intensivierte die assyrischen Kontakte zum Pharaonenhof in Ägypten, wohl auch in der Hoffnung, einen starken Partner gegen die übermächtigen Hethiter zu gewinnen. Zwei seiner Briefe an den Pharao wurden zusammen mit zahlreichen weiteren Dossiers der internationalen diplomatischen Korrespondenz Ägyptens unter Amenophis III. und Amenophis IV./Echnaton in Tell el-Amarna gefunden. Die meisten Briefe sind in der im 14. Jahrhundert gebräuchlichen internationalen Verkehrssprache Akkadisch abgefaßt. Doch nicht nur mit Ägypten, sondern vor allem mit dem unmittelbar benachbarten Babylonien mußte ein Auskommen gefunden werden. Assur-uballit I. verheiratete seine Tochter Muballitat-Scherua mit Burna-Buriasch, dem König von Babylon. Damals wurden Abkommen hinsichtlich der gemeinsamen Grenze zwischen Assyrien und Babylonien getroffen.

Auch wenn der machtpolitische Einfluß Assurs geographisch noch begrenzt war, deutete sich doch bereits hier eine Entwicklung an, die im Laufe des nächsten Jahrhunderts zur Ausbildung eines assyrischen Territorialreiches führen sollte. Charakteristisch ist, daß fortan die Bezeichnung «Land Assur(s)» in dem Titel «König des Landes Assur» erscheint. Der Übergang von einem kleinräumigen Stadtstaat zu einem Flächenstaat war damit auf der sprachlichen Ebene bereits vollzogen.

Die Verstetigung der Expansion

Unterdessen erhöhten die Assyrer zu Beginn des 13. Jahrhunderts unter Adad-nirari I. den militärischen Druck auf die Reste des Mittani-Reiches. In einem Brief warf der mittanische König Schattuara I. seinem hethitischen Oberherren dessen tatenloses Zusehen vor: «*Wenn nun aber ein Mann zwei Prozeßgegner hat und der eine Mann macht seinen Anspruch geltend und der zweite Mann macht seinen Anspruch nicht geltend – nun hat der König von Assyrien eine Orakelanfrage gestellt und gemäß dem [Bescheid] des Wettergottes gehandelt.*»

In der Tat handelte der König von Assur und zog gegen Mittani. In einem ausführlichen Tatenbericht faßt er den Gang der Ereignisse aus seiner Sicht zusammen: «*Als aber Schattuara, der König des Landes Hanigalbat* (ein anderer Name für Mittani), *mir gegenüber feindlich wurde, aggressiv wurde, da ergriff ich ihn auf Befehl des Gottes Assur, meines Herren (...), verbrachte ihn in meine Stadt Assur, hieß ihn einen Schwur lei-*

sten und sodann in sein Land zurückkehren. Jahr für Jahr, solange er lebte, nahm ich fürwahr seinen Tribut in meiner Stadt Assur entgegen. Später aber empörte sich Wasaschatta, sein Sohn, wurde mir gegenüber feindlich, (und) aggressiv. Er wandte sich an das Land Hatti um Hilfe; der Hethiter nahm zwar seine Bestechungsgeschenke, aber er half ihm nicht! Mit den mächtigen Waffen des Gottes Assur, meines Herrn (...) eroberte und ergriff ich Taidu, seine große Residenz, (ferner die Städte) Amasakku, Kachat, Schuru, Nabula, Hurra, Schuduchu und Waschukanni. Die Beute dieser Städte, die Schätze seiner Väter, die Reichtümer seines Palastes nahm ich mir und brachte sie in meine Stadt Assur. (...) Von Taidu bis Irride, von Eluchat bis zum Kaschijari-Gebirge (...) bis zum Ufer des Euphrat gaben mir die großen Götter (das Land), auf daß ich herrschen möge. Dem Rest seiner Leute erlegte ich Frondienste auf. Ihn selbst aber, seine Palastfrauen, seine Söhne, Töchter und sein Gefolge ließ ich aus der Stadt Irride fortführen. Gefangen und gebunden brachte ich sie und seinen Besitz nach Assur.» Damit aber war das Schicksal Mittanis besiegelt; der Status eines tributzahlenden Vasallen war nur die Vorstufe der endgültigen Inkorporation in das assyrische Herrschaftsgebiet gewesen.

Der Text von Adad-nirari I. ist ein Beispiel für die Art von Berichterstattung, wie sie für die assyrischen Herrscher typisch wurde. Waren es bislang im wesentlichen kurze Bau- und Weihinschriften, so erfährt das traditionelle Schema mit solchen Feldzugsberichten eine dynamische Erweiterung – dynamisch deshalb, weil sich aus diesen ersten, stilistisch und kompositorisch oft wenig sicheren Anfängen in den folgenden Jahrhunderten eine eigenständige Form entwickelte: die assyrischen Annalen, kompositorisch ausgefeilte, umfangreiche Inschriften, in denen die Jahr für Jahr erfolgten militärischen Unternehmungen beschrieben werden. Vermutlich existierten neben den schriftlichen Fassungen auch bildliche Darstellungen. Inventarlisten des 13. Jahrhunderts nennen Wandteppiche mit Bildern von Städten, Tieren und Menschen. Eine Vorstellung mögen die in Stein gehauenen Reliefzyklen vermitteln, die sich als Wanddekorationen oder als eigenständige Monumente, z. B.

Abb. 2: «Schwarzer Obelisk» Salmanassars III. aus Kalchu mit Tribut- und Unterwerfungsszenen (Jehu von Israel) sowie Tatenbericht in Keilschrift.

in Gestalt sogenannter Obelisken, erhalten haben. Es sind dies Skulpturen, die in Ninive, Nimrud und Khorsabad gefunden wurden, und – nicht erst der Nachwelt – einen nachhaltigen Eindruck von den Assyrern vermittelten.

Trotz seiner militärischen Erfolge im Oberen Habur-Gebiet war Assur von politischer Anerkennung noch weit entfernt. So attackierte der hethitische König Murschili III. den ehrgeizigen Adad-nirari I. in einem Brief, dessen Entwurf in der hethitischen Hauptstadt Hattuscha gefunden wurde und verweigerte dem Assyrer Gleichrangigkeit: «*Du redest dauernd von [deinem Sieg über] Wasaschatta und (über) die [Angelegenheiten] des Hurri-Landes. Mit der Waffe hast Du zwar gesiegt, hast meinen [Gefolgsmann] besiegt, doch bist Du (dadurch) etwa ein Großkönig geworden? Was also redest Du andauernd von Bruderschaft (...)? Aus welchem Grunde sollte ich Dir über Bruderschaft schreiben? Wer schreibt denn wem gewöhnlich von Bruderschaft? Schreibt man (etwa auch) wenn man nicht befreundet ist, einander von Bruderschaft? Weshalb also sollte ich Dir von Bruderschaft schreiben? Du und ich, wurden wir etwa von einer Mutter geboren? So wie [mein Großvater] und mein Vater dem König des Landes Assur nicht [von Bruderschaft] schrieben, so schreibe auch Du mir nicht [von Bruderschaft] schon gar nicht von der Großkönigswürde!*» Erst sein Nachfolger Hattuschili III. sieht sich angesichts der wachsenden Macht der Könige von Assur gezwungen, einen anderen Ton anzuschlagen. Er erkennt in einem Brief an den assyrischen König ausdrücklich an, daß dieser nunmehr ein Großkönig und nicht etwa nur ein Zweitbefehlender sei. Die Beziehungen zwischen beiden Staaten bleiben freilich kühl – auch wenn es auf diplomatischer Ebene höfliche Briefe und gelegentliche Freundschaftsbekundungen gibt.

Assyrien auf dem Weg zur Territorialmacht

In der Zwischenzeit war die Hauptstadt Assur gewachsen. Mithilfe der Kriegsbeute hatten die assyrischen Könige die Befestigungen der Stadt ausgebaut und erweitert, die Heiligtümer der Stadt erneuert, das Stadtgebiet im Süden erweitert und neue, repräsentative Palastbauten errichtet, nicht zuletzt dank ägyptischen Goldes. Um an diesen kostbaren Rohstoff zu gelangen, schickte z. B. Assur-uballit I. einen Brief an den Pharao. Nach einer umständlichen Einleitung, Erkundigungen nach dem werten Befinden des Pharao und der Ankündigung von einigen

Geschenken (zwei Wagen, zwei weiße Pferde und ein Siegel aus Lapislazuli) kommt der assyrische König zur Sache: *«Ist denn das (was Du mir da geschickt hast) eines Königs Sendung? Gold ist doch in Deinem Land wie Staub, man (muß) es (nur) einsammeln. Warum enthält man es mir vor? Ich gedenke einen neuen Palast zu errichten. Soviel Gold als zu seiner Verzierung notwendig ist, schicke mir! Als mein Vorfahr Assur-nadin-ahhe nach Ägypten schrieb, da sandte man ihm 20 Talente Gold. Als der König von Hanigalbat* (Mittani) *Deinem Vater nach Ägypten schrieb, sandte der ihm 20 Talente Gold. Nun bin ich dem König von Hanigalbat gleichrangig, und Du hast mir (nur)* [...] *Gold geschickt. Es ist nicht (einmal) ausreichend für die Hin- und die Rückreise und für den Lohn meiner Gesandten.»*

In der Ausstattung der Stadt Assur wurde der wirtschaftliche und machtpolitische Aufschwung sichtbar. Die Könige ließen ihre innen- und außenpolitischen Taten in ausführlichen Inschriften verherrlichen. Trotzdem war zu Beginn des 13. Jahrhunderts die Herrschaft Assurs noch nicht gesichert. Es war, wie die Notwendigkeit wiederholter Feldzüge von Adadnirari I. und seinem Nachfolger Salmanassar I. belegt, keineswegs gelungen, das erweiterte Herrschaftsgebiet wirkungsvoll und vor allem dauerhaft zu kontrollieren. Immer wieder versuchten die Unterworfenen, sich gegen die neuen Herren aufzulehnen. Ein besonderes Problem stellten die überwiegend nomadisch lebenden Bevölkerungsgruppen im Steppengebiet zwischen Euphrat und Tigris sowie im Ost-Tigris-Gebiet dar. Es war daher dringend erforderlich, das gesamte Gebiet neu zu organisieren. Die unmittelbare Präsenz einer assyrischen Verwaltung und die dauerhafte Stationierung militärischer Einheiten sollte Abhilfe schaffen. Dieser Prozeß scheint schließlich unter Salmanassar I. abgeschlossen. Man hatte zahlreiche Distrikte unter jeweils eigenständiger assyrischer Verwaltung eingerichtet, wobei man offenbar systematisch die noch vorhandenen Strukturen der mittanischen Herrschaftsorganisation nutzte. An der Spitze der Distrikte stand ein Distriktgouverneur, der die regionale Wirtschaftsverwaltung steuerte. Die zentrale Institution dieser Verwaltungsform war der Palast, der mit Hilfe eines hochentwickelten Buchhaltungssystems und einer Gruppe von hierarchisch organisierten ‹Beamten› die gesamte Produktion der Verwaltungseinheit kontrollierte.

Kleinere Dörfer innerhalb des Distriktes wurden durch Bürgermeister oder Dorfvorsteher verwaltet. Die Bevölkerung war nahezu ausschließlich in der Landwirtschaft bzw. den damit verbundenen Formen des verarbeitenden Gewerbes tätig. Die jeweiligen Arbeitskontingente wurden durch den Palast zugeteilt. Die Arbeitskräfte wurden je nach Status und geleisteter Arbeit in festgelegten Rationen entlohnt: Sie erhielten Naturalien und Bekleidung. Ein Teil der erwirtschafteten Güter mußte in Gestalt von Abgaben an die Zentrale des Reiches, den königlichen Palast(-haushalt) sowie an den Assur-Tempel abgeführt werden. Eine wichtige Rolle spielten in dieser mehrstufigen Verwaltungs-Hierarchie die königlichen Beauftragten, die den lokalen Behörden beigeordnet, jedoch unmittelbar dem Hof, genauer dem König in Assur verantwortlich waren. Die im Distrikt verbleibenden Güter dienten der Sicherstellung der lokalen Versorgung. Nicht nur in den Verwaltungsbezirken, sondern auch in Assur gab es eine ausführliche kameralistische Dokumentation der jährlichen Abgaben aus den einzelnen Distrikten. Verpflichtungen, die z. B. aufgrund von Mißernten, nicht eingehalten wurden, verbuchte man als noch ausstehenden Fehlbetrag.

Ausgrabungen haben an mehreren Verwaltungssitzen Teile solcher Palastarchive zutage gefördert, so z. B. in der am Habur gelegenen Stadt Dur-Katlimmu (heute: Tell Schech Hamad). Dieser Ort wurde unter Salmanassar I. und seinem Sohn Tukulti-Ninurta I. zum Sitz eines Distriktgouverneurs ausgebaut; darüber hinaus beherbergte er die strategisch wichtige Kommandozentrale für den Westteil des assyrischen Reiches. Hier residierte der assyrische Großwesir, ein Mitglied der Königsfamilie, und überwachte das Geschehen im Westen und Nordwesten des Reiches. Von hier aus wurden kleinere militärische Aktionen in den Grenzgebieten gesteuert. Der Großwesir übte eine Art Polizeigewalt aus. Immer wieder finden sich in den an ihn gerichteten Dossiers aus den verschiedenen Reichsteilen Hinweise auf Plünderungen durch marodierende Banden, auf entflohene Straftäter, auf verschwundene Personen nebst der Bitte, Abhilfe zu schaffen. So schreibt zum Beispiel ein gewisser Sîn-mudammeq an den Großwesir Assur-iddin in einem langen, komplizierten Brief: «*Wovon mein Herr (gemeint ist der Großwesir) mir (in seinem Brief) geschrieben hat, nämlich «Die Leute aus Waschukanni, weshalb sind denn nicht die hinter den (Flüchtlingen) her marschiert?» – (Also das verhält sich so): Ihre Ernte haben die Heuschrecken gefressen. Nachdem sie auch noch die Kichererbsen aufgezehrt haben, gibt es in der Stadt einfach niemanden mehr. (Nur noch) fünfzig kassitische Soldaten – Geiseln und Gefangene – und fünfzig hurritische Soldaten, (alles) Geiseln, befinden sich in der Stadt. Zu ihrer Bewachung gibt es jedoch keine Männer mehr.* (Sîn-mudammeq legt jetzt die Modalitäten der relativ erfolglosen Verfolgung dar und kommt dann auf einen anderen Brief des Großwesirs zu sprechen:) *Die (Brief)tafel meines Herrn hat Siqi-Papsukkal mir überbracht. (Darin steht) «Weshalb hast Du (also Sîn-mudammeq) die Entschädigung für die verschwundenen Personen und die Esel aus Damaja nicht geleistet?» – Ich habe für die Esel Entschädigung geleistet, aber man hat sich geweigert, die Entschädigung für die Personen (auch) anzunehmen!*» An dieser Stelle schließt sich nun eine umständliche Darlegung an, wer denn nun wo, wem, was gesagt habe – die Angelegenheit ließ sich offensichtlich nicht im Handumdrehen erledigen. Quellen dieser Art, in denen vieles noch unverstanden ist, erlauben immerhin einen Blick in die Alltagswirklichkeit der Gesellschaft, die von den offiziellen Verlautbarungen der königlichen Machthaber eher verstellt wird. Sie bilden die Grundlage einer Kulturgeschichtsschreibung.

Die verschiedenen Positionen in der Verwaltung sind, soweit man sieht, durchweg mit Assyrern besetzt. Die Annahme liegt nahe, daß unter ihnen auch zahlreiche Angehörige der alteingesessenen, nach wie vor einflußreichen Familien aus Assur sind, die im Dienste des Königs durchaus auch eigene Interessen verfolgten. Archivfunde aus der Hauptstadt belegen die umfängliche private Geschäftstätigkeit dieser Leute.

Zu den Problemen, mit denen die Verwaltung der neu gewonnenen Gebiete ständig befaßt war, gehörten die bereits erwähnten nomadisch lebenden Bevölkerungsgruppen. Diese waren insbesondere in den Steppengebieten der Dschesire, aber auch östlich des Tigris beheimatet. Von jenseits des Euphrat drängten in der syrisch-arabischen Wüste umherziehende Gruppen wiederholt über den Fluß nach Osten. In den Quellen erscheinen sie unter verschiedenen Bezeichnungen, wie Ahlamû, Sutû oder Lullubû. Durch den Abschluß von Weideverträgen gelang es, einige dieser Gruppen in das assyrische Verwaltungssystem einzubinden und auf diese Weise zu kontrollieren. Die Nomaden wurden durch die jeweilige Distriktverwaltung mit der Aufzucht und Betreuung von Viehherden betraut. Sie leisteten Späher- und Botendienste, wurden in Handelsunternehmungen und in der Landwirtschaft oder sogar als Söldnertruppen im Rahmen von Militäraktionen der Assyrer eingesetzt. Alle Nomaden konnten freilich nicht auf diese Weise ‹befriedet› werden; wiederholt finden sich Klagen über räuberische Überfälle auf Siedlungen und vor allem auf Reisende und Karawanen.

Durch solche Überfälle bedrohten die Nomaden die Kontakte des assyrischen Staates mit seinen Nachbarn. Diese Kontakte wurden durch regelmäßigen diplomatischen Austausch, durch Gesandte und Korrespondenz gepflegt. Entsprechende Missionen hatten häufig kostbare Geschenke zu überbringen. Wurde dieser Austausch unterbrochen, konnten Mißverständnisse entstehen und rasch zu politischen Verwicklungen führen. Von funktionierenden Kontakten hing auch der Handel ab, vor allem der Fernhandel.

Für die erste Hälfte des 2. Jahrtausends bildete der überregionale Handel die Basis des Wohlstandes in Assur. In der zweiten Hälfte des 2. Jahrtausends erhielt der Handel eine andere Qualität. Neben dem gewinnorientierten Tausch- und Zwischenhandel gewann zunehmend die einseitige Behebung von Mangelsituationen durch gezielten Importhandel an Bedeutung. Zu nennen ist hier zunächst die Versorgung des ressourcenarmen Assyrien mit Rohstoffen wie Metallen zur Herstellung von Waffen, aber auch die Beschaffung von exotisch-exklusiven

Prestige- und Luxusgütern. Diesem Güterimport stand der Export von in Assyrien produzierten Halbfertig- bzw. Fertigwaren gegenüber. Nicht mehr importierte Stoffe wurden weiterverhandelt, sondern Textilien, die in den Produktionsstätten der staatlichen Institutionen und den Haushalten der großen Familien Assyriens hergestellt wurden. Die Basis hierfür bildete die ausgedehnte und intensivierte Landwirtschaft – hier vor allem die Viehzucht, die Wolle und Leder in großen Quantitäten lieferte. Ihre Weiterverarbeitung erfolgte innerhalb der skizzierten palastwirtschaftlichen Systeme.

Nach wie vor diente dieser Handel in erster Linie staatlichen Interessen und den Eliten. Mit der fortschreitenden Expansion des assyrischen Reiches in die Ursprungsregionen dieser Güter wurde dieser Bedarf zunehmend über Kriegsbeute und über regelmäßige Tributzahlungen von Seiten der unterworfenen Völker gedeckt. Diese Form der Bedarfsdeckung war zunächst effizient, barg jedoch ein strukturelles Langzeitproblem. Im Laufe der Jahrhunderte entstand eine Sogwirkung, in der territorial expandierendes Wachstum zum staatlichen Selbstzweck entartete.

Auch innerhalb der Gesellschaft kam es zu Veränderungen. Die mächtigen Kaufmannssippen der Stadt Assur, die in altassyrischer Zeit den Handel dominierten, waren nun mit der Verwaltung und der wirtschaftlichen Erschließung der eroberten Gebiete befaßt. Ihr Reichtum und ihr Einfluß stützte sich zunehmend auf die Kontrolle von Wirtschaftsräumen. Die großen Familien nutzten die Möglichkeiten, innerhalb administrativer und/oder militärischer Aufgabenbereiche auch eigene Profite zu erzielen. Die Geschäftsunterlagen des Babu-acha-iddinna, eines hochrangigen Mitglieds des assyrischen Hofes, belegen neben seiner politischen Tätigkeit ausgedehnte Handelsgeschäfte. Er verfügte über eine größere Zahl von Angestellten und über Geschäfts- sowie Lagerhäuser an verschiedenen Orten des assyrischen Reiches. Eine andere Familie bewirtschaftete große Ländereien außerhalb Assurs und war zudem im Kreditgeschäft tätig. Diesen vermögenden und mächtigen Großfamilien stand eine gewaltige Zahl von besitzlosen Arbeitskräften und Unfreien gegenüber, die in den Quellen keine eigene Stimme haben. Nur indirekt, aus kleinen Hinweisen, lassen sich Rückschlüsse auf ihre Situation ziehen.

Die in den verschiedenen Berufszweigen innerhalb der einzelnen Institutionen beschäftigten Arbeitskräfte erhielten für ihre Tätigkeit Kompensation in Form von Naturalien wie Gerste und Hülsenfrüchte sowie gelegentlich Kleidungsstücke. Inwieweit und unter welchen Bedingungen ihnen eine Bewirtschaftung kleinerer Flächen zur Eigenversorgung möglich war, ist nicht bekannt, da die staatlichen Quellen praktisch keine Informationen über Gegenstände außerhalb ihres unmittelbaren Interesses bieten. Immerhin kann man aus Urkunden zur Eigentumsübertragung und dem Erbrecht schließen, daß es durchaus nicht-staatlichen Grundbesitz gab.

Tukulti-Ninurta I.
Typogramm eines assyrischen Herrschers

In der zweiten Hälfte des 13. Jahrhunderts erreichte das von Assyrien kontrollierte Territorium eine bislang ungekannte Ausdehnung. Unter den Königen Salmanassar I. und vor allem unter seinem Sohn und Nachfolger Tukulti-Ninurta I. fielen weitere Gebiete im Norden und Osten in die Hand der Assyrer. Damit wurde Assyrien zu einer ernsthaften Bedrohung für das südlich angrenzende Babylonien. Tukulti-Ninurta I. nutzte angebliche Grenzverletzungen babylonischer Kaufleute und andere fadenscheinige Vorwände, um einen Krieg mit Kaschtiliasch IV., dem Herrscher auf dem Thron von Babylon, anzuzetteln. In zwei Feldzügen, die mit ungeheurem logistischem Aufwand von Assur aus organisiert wurden, gelang es ihm, die babylonische Streitmacht zu schlagen und Kaschtiliasch gefangen zu nehmen. Vermutlich lebte dieser als vornehme Geisel am Hofe des assyrischen Herrschers. Im Jahre 1215 zog Tukulti-Ninurta sogar bis nach Babylon und nahm die Hauptstadt in Besitz. Er ließ große Mengen erbeuteter Güter aus Babylon fortschaffen, darunter auch eine große Zahl kostbarer Tontafeln, mit Texten aus allen Bereichen der gelehrten

Tradition. In einem kunstvollen Heldenepos ließ er seinen Zug gegen Babylon verherrlichen und sich selbst als Friedensbringer und gerechten König preisen. Allerdings hat er offenbar nicht versucht, weitere Gebiete des südlichen Zweistromlandes zu unterwerfen. Er hat auch nicht – im Unterschied zu seinen Nachfolgern im ersten Jahrtausend – den Thron von Babylon bestiegen, sondern ließ die Stadt von «Statthaltern» regieren. Schenkt man den Quellen Glauben, so war es mit der assyrischen Herrschaft über Babylon bereits nach wenigen Jahren vorbei. Offenbar war die assyrische Präsenz in Babylon eher schwach, so daß es der babylonischen Opposition bald gelang, die Besatzer zu vertreiben.

Bereits vor seinem Zug nach Babylon hatte Tukulti-Ninurta I. mit Planungen für die Gründung einer neuen Stadt begonnen. Er wählte dafür einen Ort auf dem jenseitigen, dem östlichen Tigrisufer etwa drei Kilometer flußaufwärts von Assur und nannte die Stadt Kar-Tukulti-Ninurta, d. h. «Tukulti-Ninurta-Hafen». Tukulti-Ninurta I. gründete sie – wie er schreibt – auf Befehl des Gottes Assur als Kultstadt: *«Damals forderte der Gott Assur, mein Herr, mich auf, eine Kultstadt auf dem jenseitigen Ufer meiner Stadt* (gemeint ist Assur) *des Sitzes der Götter, zu errichten und hieß mich sein Heiligtum zu bauen. Auf Geheiß des Gottes Assur, der mich liebt, errichtete ich auf der gegenüberliegenden Seite meiner Stadt Assur (…) in Weidegebieten und Ödland, wo es weder Haus noch Wohnstatt gibt, Hügel und Erde nicht aufgehäuft, Ziegel nicht gelegt sind, eine Stadt des Gottes Assur auf dem jenseitigen Ufer – Kar-Tukulti-Ninurta (ist) ihr Name.»* Die Ausgrabungen und Oberflächenuntersuchungen in der Ruine Tulul al-Aqar ergaben, daß das Stadtgebiet wenigstens eine Fläche von 240 Hektar umfaßt haben düfte: Teile davon waren von einer großen Stadtmauer umgeben. Freigelegt wurden Toranlagen, ein großer Tempelkomplex, der dem Gott Assur geweiht war – nach heutiger Kenntnis der einzige außerhalb der Stadt Assur nach der altassyrischen Zeit, Palastanlagen sowie Reste von Wohnbebauung. Assurtempel und Königspalast erhielten Namen, die den allumfassenden Herrschaftsanspruch von Gott und König in einer knappen programmatischen Aussage verdichten: Ekurmescharra «Heiligtum der Gesamtheit» und Egalmescharra «Palast der Gesamtheit». Über Details der Arbeiten in Kar-Tukulti-Ninurta informiert die metikulöse Buchführung der assyrischen Verwaltung. Unter anderem wurden Kriegsgefangene aus den Babylonienfeldzügen für Arbeiten an der neuen Stadt eingesetzt.

Eine Stadt für den Gott Assur – außerhalb Assurs: Der Auftrag zum Bau liest sich wie viele andere Stadtgründungsberichte, doch für einige einflußreiche Zeitgenossen des Königs muß das Ganze ein Affront gewesen sein. Über die Gründe, die Tukulti-Ninurta zu diesem gewaltigen, mehrere Jahre in Anspruch nehmenden Projekt veranlaßten, kann allenfalls spekuliert werden. Gewiß, die uralte Stadt Assur bot wenig Raum für Neubauten, schließlich war das gesamte Gelände der oberen Stadt dicht bebaut. Repräsentative Neubauten hätten nur auf Kosten älterer Gebäude errichtet werden können. (Nur ein Versuch wurde mit dem sogenannten Neuen Palast unternommen.) Doch dies allein kann nicht der Grund gewesen sein. Offenbar war sogar die Überführung des Assur-Kultes von Assur nach Kar-Tukulti-Ninurta fest geplant, was wiederum mit Spannungen zu der mächtigen Priesterschaft des Assur-Tempels in Assur zusammenhängen mag. In jedem Falle war dies ein Schritt, den weder zuvor noch in den folgenden Jahrhunderten je ein assyrischer König gewagt hatte bzw. wagen sollte: Der Kult des Gottes Assur mußte in der Stadt Assur vollzogen werden, und nur dort. Außerhalb dieser Stadt hatte dieser Gott trotz seiner Bedeutung innerhalb der assyrischen Staatsreligion und ganz im Gegensatz zu anderen mesopotamischen Gottheiten, die über eine Vielzahl von Tempeln im ganzen Land verfügten, keine regulären Kultplätze.

Der Tod Tukulti-Ninurtas I. und die Folgen

Tukulti-Ninurta I. konnte seine neue Residenz nicht lange genießen. 1197 wurde er von einem seiner Söhne und gewiß mit Wissen und Billigung einflußreicher Kreise in Assur in Kar-Tukulti-Ninurta ermordet. Die offiziellen Quellen für die Zeit nach dem Tode Tukulti-Ninurtas sind karg und widersprüchlich, doch soweit man sieht, stürzte Assyrien in eine innenpolitische Krise: Rivalitäten um die Nachfolge flammten auf, das außenpolitische Engagement wurde vernachlässigt. Vor kurzem kamen bei Grabungen in Tell Sabi Abyad, einem mittelassyrischen Verwaltungssitz, der weit im Westen des Reiches in der Nähe des Balich gelegen ist, eine größere Zahl von Texten zu Tage. Sie enthalten neue Informationen über die damalige Situation im Westen des Reiches. Besonders aufschlußreich ist ein Brief, den der amtierende Verwalter des Ortes, Mannu-ki-Adad von einem Mann namens Ubru aus Assur erhalten hat. Ubru war aufgrund des Todes von Tukulti-Ninurta I. nach Assur gereist, um der öffentlichen Trauer und der Vorstellung des neuen Königs beizuwohnen. (In diesem Rahmen fand vermutlich auch die Neu- oder Wiederbesetzung der verschiedenen Ämter statt). Zu diesem Staatsakt waren nicht nur alle höheren Würdenträger der assyrischen Administration versammelt, sondern – so berichtet der Absender – auch andere Könige. Indirekt wird aus dem Brief deutlich, daß wenigstens zwei Parteien um die Macht in Assyrien rangen: die Parteigänger des verstorbenen Königs auf der einen und eine starke Opposition auf der anderen Seite, die nach außen durch den neu inthronisierten Sohn Tukulti-Ninurtas I., Assur-nadin-apli, angeführt wurde. Letzterer wurde möglicherweise durch die im Westen des Reiches als Verwalter amtierende Seitenlinie des Königshauses unterstützt. Angesichts der noch unklaren Machtverhältnisse verhielten sich die Gouverneure einzelner Verwaltungsdistrikte – unter ihnen Mannu-ki-Adad von Sabi Abyad – offenbar abwartend.

Die im 13. Jahrhundert institutionalisierte Verwaltung war hinreichend stabil, so daß zumindest die Herrschaft über den zentralen Teil des assyrischen Reiches kontinuierlich erhalten blieb. Innerhalb weniger Jahre lösten sich drei Söhne Tukulti-Ninurtas I. auf dem Thron von Assur ab. Mit dem Tod auch des dritten entstand eine neue Situation: Es gab offenbar keinen direkten Thronfolger mehr. Jene Hauptlinie der assyrischen Herrschersippe, die über Jahrhunderte die Herrscherwürde von

Generation zu Generation weitergegeben hatte, schien abgebrochen. Hier nun erwies sich die Flexibilität der assyrischen ‹Erbmonarchie› als ihre eigentliche Stärke. Mit Ninurta-apil-Ekur trat ein Prinz aus einer Seitenlinie des Königshauses, die in den vergangenen Jahrzehnten seit Salmanassar I. den Großwesir und Verwalter der westlichen Reichsteile gestellt hatte, die Nachfolge an.

Wenig Spektakuläres ist von seiner Regentschaft zu berichten, die Verwaltung Assyriens wurde im wesentlichen in der bereits bekannten Form fortgeführt. Allerdings begannen sich die Strukturen in den Randgebieten zu verändern. Die Schwächung der Zentralregierung führte offenbar dazu, daß die lokalen assyrischen Verwalter ihre Ämter in einer Art Erbfolgeprinzip innerhalb der Familie weitergaben. Auf diese Weise entstanden kleine Dynastien, die viele Formen herrscherlicher Repräsentation imitierten. Inschriften dieser ‹kleinen Könige› ahmen in Stil und Diktion die Bauinschriften der Könige von Assur nach. Sie gründeten – nach Art des assyrischen Königs – Städte, die den Namen des Gründers tragen: ein gewisser Assur-ketti-leschir errichtete in der Nähe seines Hauptsitzes eine Stadt namens Dur-Assur-ketti-leschir («Assur-ketti-leschir-Burg»), das heutige Tell Bderi am Habur, und ließ dort einen Palast bauen. Es entstanden legitimierende Genealogien für diese nachgeordneten Herren, die dieselben Berufungsargumente verwendeten, wie diejenigen der Könige von Assur: Kurz, es etablierten sich an den Rändern des assyrischen Reiches Lokaldynasten, die zwar noch loyal zu ihrem Oberherren standen, jedoch selbstbewußt genug waren, in ihrem kleinen Herrschaftsgebiet eigene Politik zu betreiben.

Im frühen 12. Jahrhundert erfolgte nach einer längeren Phase der Instabilität der endgültige Zusammenbruch des hethitischen Reiches; er erzeugte im nordwestlichen Syrien ein Machtvakuum. Mit Tiglatpileser I. war jedoch in Assur ein König an die Macht gekommen, der wie seine Vorgänger darauf bedacht war, das assyrische Herrschaftsgebiet zu erweitern. Nachdem er zunächst unmittelbar nach Herrschaftsantritt Feldzüge in das Vansee-Gebiet und gegen die Stämme in den nördlichen Gebirgen unternommen hatte, stieß er um die Mitte seiner Regierungszeit bis an das Mittelmeer und erneut bis nach Babylonien vor. Ausführliche Tatenberichte – unter ihnen auch jener Text, an dem 1857 n. Chr. die Entzifferung der akkadischen Keilschrift bewiesen wurde – unterrichten uns detailliert über seine verschiedenen militärischen Unternehmungen. Stärker noch als unter früheren Herrschern tritt hierbei ein Phänomen in den Blick, das heute als Charakteristikum assyrischer Expansionspolitik gilt: die systematische Verschleppung und Umsiedlung von Unterworfenen.

5. Assyrien vom Ende des 12. bis zur Mitte des 8. Jahrhunderts: Rückzug, Konsolidierung und verschiedene Etappen der Expansion

Die Aramäer

Im ausgehenden 2. Jahrtausend sahen sich die assyrischen Könige aufs Neue mit jenen nomadisch lebenden Ethnien konfrontiert, die überwiegend die Steppen und Wüstengebiete an den Rändern des Fruchtbaren Halbmondes bewohnten. Diese Stammesgesellschaften waren seit jeher Bestandteil des altorientalischen Kulturraumes. Durch ihre nomadische bzw. halbnomadische Lebensweise waren diese Stämme den verschiedenen, wesentlich auf der Seßhaftigkeit ihrer Bevölkerung aufbauenden Staatsgebilden weitgehend entzogen. Der Gegensatz zwischen dem zivilisierten Stadt- und dem ungebärdigen Steppenbewohner, der «keine Herrschaft kennt» ist ein geläufiges Motiv in Literatur und Dichtung des 3. Jahrtausends und wird bis in die Spätzeit der keilschriftlichen Überlieferung tradiert. Innerhalb der großräumigen Territorialstaaten der Bronzezeit versahen die Nomaden – wie bereits erwähnt – bestimmte Tätigkeitsbereiche, die ihren Fähigkeiten und Gewohnheiten entgegenkamen: Viehzucht, Fernhandel, Führer-,

Späher- und Botendienste. Durch diese Symbiose veränderten sich offenbar die Strukturen aller beteiligten Gesellschaften. Mit dem Verschwinden der Hegemonialmächte Hatti und Ägypten aus dem nordwestsyrischen Raum um die Wende vom 13. zum 12. Jahrhundert und der Schwäche Assyriens entstand im nördlichen Mesopotamien eine Situation, die den Stammesgesellschaften neue Entwicklungsmöglichkeiten bot.

Die ältere Forschung hat angenommen, daß neben den Angriffen der sogenannten Seevölker das massive Vordringen der nomadischen und halbnomadischen Stämme für den Zusammenbruch der großen Territorialstaaten verantwortlich gewesen sei. Heute sieht man das Erstarken der Stammesgesellschaften dagegen eher als eine Begleiterscheinung und Folge des Verschwindens der Hegemonialmächte. Einstweilen lassen sich die verschiedenen Faktoren, die zum Erstarken der ‹Aramäer› führten – dies ist einer von mehreren Sammelbegriffen, die in den assyrischen Texten für diese Gruppen verwendet werden –, nur annäherungsweise erfassen. Wir sind dabei auf die spärlichen Informationen in assyrischen und babylonischen Schriftquellen angewiesen; deren Angaben sind allerdings nur unter Vorbehalt zu verwenden, denn sie sind weder erschöpfend noch objektiv. Bereits im 13. und 12. Jahrhundert hatten Probleme mit nicht-seßhaften Bevölkerungsgruppen in der Region zwischen Tigris und Euphrat wiederholt zu militärischen Interventionen geführt. Aufgrund der offensichtlichen innenpolitischen Instabilität Assyriens und einer daraus resultierenden außenpolitischen Schwächung gelang es diesen Stämmen im Verlauf des 12. Jahrhunderts immer weiter in Richtung auf das assyrische Kernland am Tigris vorzudringen.

Tiglatpileser I.

Unter den Königen der späten mittelassyrischen Zeit ragt Tiglatpileser I. (1114–1076) vor allem aufgrund seiner in ausführlichen Tatenberichten geschilderten außenpolitischen Erfolge hervor. Siegesmeldungen wie die im folgenden zitierte lassen zwar auf heftige Auseinandersetzungen mit diesen Völkerschaften schließen, sind aber für historische Rekonstruktionen kaum zu verwerten: «*Ich rüstete meine Wagen und Krieger und machte mich in die Steppe auf. Ich zog gegen die Achlamu-Aramäer, die Feinde des Gottes Assur, meines Herrn. Ich zog plündernd vom Rand des Landes Suchu bis nach Karkemisch in Hatti an einem einzigen Tag!*» Es gelang Tiglatpileser I., wie die neuerliche Ausdehnung des assyrisch beherrschten Territoriums zeigt, die Stämme zumindest zurückzudrängen, zu dezimieren und ihre wirtschaftlichen Subsistenzmöglichkeiten einzuschränken. Doch das Nomaden-Problem war damit allenfalls vorübergehend abgewehrt, nicht aber gelöst.

Auch in dieser Phase der assyrischen Geschichte stellten vertragliche Regelungen neben und nach militärischer Unterwerfung ein wichtiges machtpolitisches Instrument dar, wie die folgende Passage aus einer Inschrift von Tiglatpileser I. zeigt. Dort heißt es im Anschluß an einen Bericht über die Eroberung der im nördlichen Gebirge gelegenen Nairi-Länder: «*Ich nahm alle Könige der Nairi-Länder lebendig gefangen. Ich erbarmte mich dieser Könige und schonte ihr Leben. Ich befreite sie vor dem Gott Schamasch, meinem Herrn, von ihren Ketten und Fußfesseln, und ließ sie bei den großen Göttern einen Gefolgschaftsvertrag beschwören für die Dauer der Tage, für alle Zukunft. Ich nahm ihre Söhne, die Erben ihres Königtums, als Geiseln und erlegte ihnen einen Tribut von 1200 Pferden und 2000 Rindern auf. Dann gestattete ich ihnen die Rückkehr in ihre Länder.*»

Trotz der Androhung schwerster Sanktionen in den Gefolgschaftsverträgen kam es immer wieder zu Eidbruch und Aufständen gegen den assyrischen Oberherren. Berichte über Strafaktionen gegen abgefallene Vasallen finden sich häufig in den Annalen der assyrischen Könige. Dennoch scheint der Weg, die lokalen Machthaber wirtschaftlich und rechtlich Assur zu unterwerfen, sie aber überwiegend in ihrer ursprünglichen Funktion als ‹Herrscher› zu belassen, im wesentlichen funktioniert zu haben. Durch diese Angliederungspolitik versammelte der König von Assur an den Grenzen seines Reiches einen Ring unterworfener, tributpflichtiger, aber noch weitgehend autonomer Klientelstaaten. Kam es allerdings wiederholt zu Revolten, erfolgte die vollständige Unterwerfung der jeweiligen Region – größere Teile der Bevölkerung, unter ihnen wohl immer auch die Eliten, wurden deportiert und das Gebiet den Provinzen des Landes Assur hinzugefügt.

Der Beginn des 1. Jahrtausends

Während das 10. Jahrhundert hauptsächlich durch die Verteidigung des Kerngebietes geprägt war, veränderten sich die Verhältnisse im Laufe des 9. Jahrhunderts. Unter Assurnasirpal II. (883–859) und seinem Sohn und Nachfolger Salmanassar III. (858–824) befanden sich die Gebiete zwischen Euphrat und Tigris mehr oder weniger fest in assyrischer Hand. Die aramäischen Kleinstaaten im Euphratbogen waren in mehreren militärischen Kampagnen zurückgedrängt bzw. dem assyrischen Reich einverleibt worden: Der aramäische Kleinstaat Bit-Adini etwa, dessen Zentrum zwischen Balich und Euphrat lag, Anführer einer Gruppe rebellischer Kleinstaaten am oberen Euphrat, wurde in bewährter Weise in das assyrische Reich inkorporiert, indem Salmanassar III. nach längeren Auseinandersetzungen Til Barsip (heute: Tell Ahmar), die Hauptstadt des Fürstentums, eroberte. Er ließ den Regenten, seine Familie und die aramäische Oberschicht verschleppen und die Stadt schleifen. Anschließend errichtete er einen neuen, eigenen Palast und setzte eine assyrische Verwaltung ein. Um die Integration zu vollenden, gab er Til-Barsip sogar einen neuen Namen: Kar-Salmanassar, «Salmanassar-Hafen».

Die territoriale Entwicklung Assyriens im 9. und 8. Jahrhundert war durch das fortgesetzte Expansionsstreben der assyrischen Könige geprägt. Kämpfe mit Koalitionen der verschiedenen Stämme im nordwestlichen Teil Syriens – unter ihnen auch Israel – und der phönizisichen Küstenstädte bestimmten die regelmäßigen militärischen Kampagnen. Das Euphratgebiet stellte nun nicht länger eine Grenzregion dar, sondern übernahm zunehmend eine Brückenfunktion: Die Assyrer stießen wiederholt in Richtung auf das Mittelmeer vor, unterwarfen die vielen kleineren und größeren Staatengebilde im syrisch-palästinischen Raum. Doch eine durchgängige Kontrolle des neugewonnenen Territoriums erwies sich aufgrund des großen zu beherrschenden Raumes und aufgrund der Vielfalt der unterworfenen Gemeinschaften als schwierig. Es entstanden zahlreiche und je eigentümliche Abhängigkeitsverhältnisse zwischen Eroberten und Eroberern. Manche Territorien waren vollständig assyrisiert, andere waren tributpflichtige Vasallenregionen geworden, bei wieder anderen begnügte man sich mit der Herstellung wechselseitigen Einvernehmens.

Eine Netzwerkstruktur aus Gewalt- und Vertragsverhältnissen kennzeichnete schließlich die eroberten Gebiete des assyrischen Reiches. Die militärische und zivile Verwaltung dieser Gebiete basierte auf dem bereits im assyrischen Kerngebiet erfolgreich praktizierten Provinz-System. Der entscheidende Unterschied lag darin, daß die neu geschaffenen Provinzen sehr viel weiträumiger waren. Die eingesetzten Gouverneure hatten also eine verwaltungstechnisch schwierige Aufgabe zu bewältigen; doch andererseits machte der von ihnen verwaltete Wirtschaftsraum sie ökonomisch und damit machtpolitisch einflußreich. Durch wiederholte Expeditionen in die nördlichen Gebirgsregionen verschoben sich auch dort die Grenzen.

Kalchu – Gründung einer neuen Residenz

Mit den aus diesen Regionen transferierten Einnahmen (Beute, Tribut) finanzierten die assyrischen Herrscher ausgedehnte Bauprogramme. Ihre Macht wurde eindrucksvoll präsentiert in gewaltigen Palastbauten, Stadtgründungen und reich ausgestatteten Kultbauten. Es war Assurnasirpal II., der – als erster Herrscher nach Tukulti-Ninurta I. – wieder den Versuch unternahm, eine neue Residenz zu gründen. Als Standort wählte er eine kleine, 35 km südlich von Ninive am Tigris gelegene Siedlung – Kalchu (heute: Nimrud) – jene Stadt, der bei der Wiederentdeckung Assyriens im 19. Jahrhundert n. Chr. eine Schlüsselrolle zufiel. Der Ort selbst war seit dem 3. Jahrtausend durchgängig besiedelt. Aus einer Inschrift ist bekannt, daß Salmanassar I. in Kalchu gebaut hat und archäologische Untersuchungen bestätigen die Siedlungstätigkeit in mittelassyrischer Zeit. Doch unter Assurnasirpal II. erreichte das Stadtgebiet monumentale Ausmaße. Die Arbeiten begannen im Jahre 878. Die gewaltige Stadtmauer umschloß eine Fläche von 360 Hektar, wurde aber wohl erst unter Assurnasirpals Sohn Salmanassar III. (858–824) vollendet. Hinzu kamen Palastanlagen und Tempel für verschiedene Götter. Im Jahre 864 wurde die Stadt eingeweiht und die Übersiedlung von König und Hof aus Assur nach Kalchu mit einem mehrtägigen Fest begangen. Eine Stele mit Inschrift berichtet von diesem Ereignis. Unter den 69 574 Eingeladenen werden auch die 16 000 Einwohner der neuen Stadt genannt. Unter anderem wurden 1200 Rinder, 17 000 Schafe, 1000 Hirsche, 150 000 Enten, 1500 Gänse, 31 000 Vögel, 10 000 Fische, 10 000 Eier, 10 000 Brote, 10 000 Krüge Bier, 10 000 Schläuche Wein sowie Getreide, vielerlei Obst und Gemüse, Datteln, Oliven und Milchprodukte aller Art verzehrt. Ausgedehnte Parkanlagen erstreckten sich an den Ufern des Hauptkanals, der die Stadt mit Wasser versorgte. Eine artenreiche Tier- und Pflanzenwelt symbolisierte Fülle und Fruchtbarkeit; sie bildete die dem assyrischen König, dem «Herrscher der vier Weltgegenden» unterworfenen Regionen ab.

In dem Palast Assurnasirpals II. in Kalchu vereinigen sich verschiedene Formen herrscherlicher Repräsentationskunst. Die erzählenden Reliefzyklen stellen den König in unterschiedlichen Situationen dar, es überwiegen kultische Handlungen. Aus anderen, jüngeren Palästen assyrischer Könige sind darüber hinaus Kampfszenen und Bildfolgen zu verschiedenen anderen Bereichen überliefert. Begleitet werden diese Bilder von ausführlichen schriftlichen Tatenberichten. Aus der Stadt Imgur-Enlil (heute: Balawat) stammen bronzene Torbeschläge mit ähnlichen szenischen Darstellungen aus der Regentschaft Assurnasirpals II. und Salmanassars III. Selbst diese wenigen Funde lassen ahnen, mit welch gewaltigem Bildrepertoire die Macht des assyrischen Königs Assyrern und Fremden vor Augen gestellt wurde.

Bis in das ausgehende 8. Jahrhundert sollte Kalchu die Funktion einer politischen Hauptstadt behalten. Es fanden sich dort unter anderem die Archive der örtlichen Statthalter aus der Zeit zwischen 835 und 710. Im Jahre 746 nahm hier eine Revolte ihren Anfang, in deren Folge wohl Tiglatpileser III. den assyrischen Thron übernahm. Dieser empfing in Kalchu Gesandtschaften und Boten anderer Herrscher, und noch Sargon II. pflegte dort seine Truppen zu mustern, bevor er seine eigene Residenz Dur-Scharrukin errichtete. Schließlich wurden noch 672 in Kalchu die Vereidigungszeremonien anläßlich der Ernennung Assurbanipals zum Kronprinzen abgehalten. Während des Medersturms zwischen 614 und 612 wurde die Stadt zwei Mal zerstört. Ob es – wie seinerzeit unter Tukulti-Ninurta I. – Widerstände gegen die Baupolitik Assurnasirpals II. und seines Sohnes gegeben hat, ist unsicher. Doch der innerassyrische Aufstand unter Führung des Assur-dain-aplu, eines Sohnes von Salmanassar III., wurde wohl nicht zuletzt durch die ressourcenverschlingende Finanzpolitik des Königs provoziert. Mit Ausnahme von Kalchu selbst, schlossen sich insgesamt 26 Städte des assyrischen Kernlandes, an ihrer Spitze Assur, Ninive und Arbela, der Empörung gegen den alternden König an.

Assur und Babylon

Der Sohn und designierte Nachfolger von Salmanassar III., Schamschi-Adad V., war schließlich sogar auf die Unterstützung des Königs von Babylon angewiesen, um im Jahre 822 die Lage wieder unter Kontrolle zu bringen. Dieses Eingreifen des babylonischen Kollegen zugunsten des Assyrers mag zunächst verwundern. Doch die bereits erwähnte *Synchronistische Geschichte* lehrt anderes: Die Beziehungen zwischen Assyrien und seinem südlichen Nachbarn im frühen 1. Jahrtausend waren – von gelegentlichen Scharmützeln abgesehen – überwiegend friedlich. Zu Beginn des 9. Jahrhunderts hatten die Könige von Assur und Babylon ihre Verbindungen erneut durch interdynastische Heiraten gefestigt. Solche familiären Bindungen gingen – wie bereits im 2. Jahrtausend – mit der

Abb. 3: Ausschnitt aus einem Relief auf dem Thronpodest aus dem Zeughaus in Kalchu: Salmanassar III. (rechts) und der babylonische König Marduk-zakir-schumi (links) umgeben von Würdenträgern.

Verpflichtung zu militärischem Beistand und insbesondere zum Schutz der Thronfolge einher. Bereits Salmanassar III. hatte den babylonischen Thronprätendenten Marduk-zakir-schumi (854–819) gegen Ansprüche seines jüngeren Bruders verteidigt.

Wenige Jahre später jedoch fiel Schamschi-Adad V. in Babylonien ein und plünderte Babylon. Die Gründe für diesen Bruch der bislang friedlichen Beziehungen sind nicht recht klar, doch bilden diese Ereignisse den Auftakt zu einer neuen, sehr viel aggressiveren Babylonien-Politik der Könige von Assur.

Die erste Hälfte des 8. Jahrhunderts neue Formen der Macht

Veränderungen in den Machtstrukturen am assyrischen Königshof und unter den Angehörigen der assyrischen Führungsschicht markieren den Übergang vom 9. zum 8. Jahrhundert.

Die Quellen lassen einige der wirksamen Faktoren erkennen. Die Gouverneure der großen Provinzen des assyrischen Reiches gewannen an Macht. Diese Entwicklung, die sich bereits früher angedeutet hatte, scheint sich im ausgehenden 9. und frühen 8. Jahrhundert zu beschleunigen; kurz vor der Mitte des 8. Jahrhunderts führte sie zur Empörung von Teilen der assyrischen Oberschicht(en). Die Oberschicht hatte einst eine relativ homogene Gruppe gebildet, die sich im wesentlichen wohl aus den alteingesessenen Familien der Stadt Assur selbst – allen voran die mitgliederstarke Königssippe – rekrutierte. Spannungen traten auf, als einzelne Gouverneure und Höflinge, die wohl nicht diesen Kreisen angehörten, sich bei verschiedenen Unternehmungen hervortaten, große Gebiete des assyrischen Reiches unter ihre Kontrolle brachten und Einfluß auf den König gewannen. Zu den Protagonisten dieser Gruppe gehörten der General Dajjan-Assur, der bereits in dem Aufstand gegen Salmanassar III. eine nicht unbedeutende Rolle gespielt hatte, ebenso der General Schamschi-ilu oder der Palast-Herold Bel-harran-belu-usur. Sie alle dienten mehreren Königen in Folge und konnten so Macht und Einfluß ansammeln. Schamschi-ilu beispielsweise residierte in Til-Barsip und hatte seine Position festigen und ausbauen können, als der Sohn des Schamschi-Adad V., Adad-nirari III., im Jahre 810 den assyrischen Thron bestieg. Schamschi-ilu gehörte zusammen mit der Mutter des Herrschers, Schammu-ramat (Semiramis) zu den einflußreichsten Persönlichkeiten in dessen Umfeld. Auch andere Funktionäre hatten Karriere gemacht, und so entwickelte sich im Laufe des 9. Jahrhunderts innerhalb der assyrischen Elite eine für die traditionellen Herrschaftsstrukturen bedrohliche Kraft. Die absolute Vormachtstellung des Königs auf assyrischem und unter assyrischer Oberhoheit stehendem Territorium war in Frage gestellt.

Die starken Individuen aus der Oberschicht verhielten sich in den ihnen unterstellten Reichsteilen selbst wie «Könige»; sie imitierten den assyrischen König in allen Formen herrscherlicher Selbstdarstellung: Sie errichteten Paläste und gründeten Städte, die ihre eigenen Namen trugen; sie ließen Sieges- und

Grenzstelen aufstellen und befreiten sogar einzelne Städte und Regionen von den regulären Steuern, was bislang stets unumstrittenes Vorrecht des Königs gewesen war. Erst nach der Jahrhundertmitte gelangte mit Tiglatpileser III. wieder ein Herrscher auf den Thron, der stark genug war, die Macht der Generäle zu beschneiden.

6. Auftakt zur Entstehung des assyrischen Großreiches

Tiglatpileser III. Siedlungspolitik als Herrschaftsinstrument

Tiglatpileser III. erweiterte das assyrische Reich vor allem nach Süden. Nachdem lange Zeit zwischen Assyrien und Babylonien aufgrund regelmäßig erneuerter bilateraler Abkommen einigermaßen friedliche Beziehungen geherrscht hatten, nahm Tiglatpileser III. Unregelmäßigkeiten in der babylonischen Thronfolge zum Anlaß, gegen den zeitweiligen Partner und Verbündeten Babylon zu ziehen. Schließlich unterwarf er den babylonischen Herrscher. Der besondere Status Babylons und die Schwierigkeit, dieses neue, große Herrschaftsgebiet zu kontrollieren, verlangten nach einer neuen Lösung: Tiglatpileser III. bestieg selbst den Thron Babylons. Durch diesen Akt gewann die Unterwerfung Babyloniens eine völlig andere Qualität als alle militärischen oder diplomatischen Unternehmungen, die Assyrien bis zu diesem Zeitpunkt gewagt hatte.

Ein wichtiges strategisches Mittel der kriegerischen Expansion bestand in der systematischen Zerstörung von Städten und befestigten Siedlungen. Die Bewohner wurden getötet oder verschleppt und die Städte geplündert. War der Gegner mit Hilfe dieser Maßnahmen bezwungen, mußten die Assyrer freilich darauf bedacht sein, die ökonomische und administrative Organisation des Gebietes wiederherzustellen. Der Zugang zu neuen Ressourcen – sei es in Form von Kriegsbeute und Tributzahlungen, sei es in Form von langfristig zu leistenden Steuern der eroberten Gebiete – war ein treibendes Element der assyrischen Expansionspolitik. Eine solche ‹Steuerpolitik› setzte voraus, daß die Produktivität der eroberten Gebiete – in erster Linie die landwirtschaftliche Produktion – so rasch als möglich wiederhergestellt wurde. So baute man zerstörte Siedlungen wieder auf und trug Sorge, daß Ackerbau, Viehzucht und verarbeitendes Gewerbe wieder aufgenommen wurden; dies belegt die Korrespondenz zwischen den Provinzen und dem assyrischen Königshof. Auch Deportierte wurden zu diesem Zweck eingesetzt.

Bereits im späteren 2. Jahrtausend hatten die assyrischen Könige systematisch und in großem Umfang die Umsiedlung von unterworfenen Bevölkerungsgruppen betrieben. Unter Tiglatpileser III. nahm diese Umsiedlungspolitik neue, gewaltige Dimensionen an. So siedelte er nach eigenen Angaben im Rahmen eines Feldzuges allein 65 000 Menschen aus dem Zagrosgebiet um. Zwei Ziele sollten mit dieser Politik erreicht werden: zum einen die Schwächung der eroberten Gebiete, indem die einheimischen Eliten durch eine dem assyrischen Herrscher ergebene Verwaltung ersetzt wurden; zum anderen gewann man auf diese Weise vollständig abhängige Arbeitskräfte für den Einsatz bei den verschiedenen Bauprojekten der assyrischen Könige. Bisweilen fanden sich Deportierte aus den Küstengebieten der Levante schließlich in medischem Gebiet wieder. Daran mag man ermessen, welche gewaltigen Entfernungen diese Menschen zurücklegen mußten. Den Zahlenangaben aus Königsinschriften wie jener des Tiglatpileser III. steht die Buchführung der königlichen Verwaltung gegenüber. Diese führte Listen mit genauen Angaben über Anzahl, Alter, Geschlecht, Beruf und Gesundheitszustand der Gefangenen. Regelmäßige schriftliche Berichte über den Verlauf der Umsiedlungsaktionen und einige bildliche Darstellungen lassen erahnen, was dies für die Betroffenen bedeutete. Viele der Männer, Frauen und Kinder starben während der Transporte oder wurden krank; nur gelegentlich gelang Gefangenen die Flucht. Die Transporte wurden durch assyrische Offiziere und Soldaten begleitet. Es gibt Berichte darüber, daß diese ihre Stellung ausnutzten und die für die Versorgung der Deportierten vorgesehenen Mittel anderweitig verwendeten.

Die Deportation wurde schließlich auch als Sanktionsmittel eingesetzt. Eidbrüchigen Vertragspartnern der assyrischen Könige wurde diese mögliche Konsequenz ihres Handelns eingeschärft. So heißt es in dem Vertrag zwischen Assur-nirari V. und König Mati-El von Bit-Agusi: «*Wenn Mati-El gegen die Abmachung verstößt* (...) *dann wird er, Mati-El, zusammen mit seinen Söhnen, Töchtern, seinen Großen und den Einwohnern seines Landes aus seinem Land hinweggeführt werden, er wird nicht in sein Land zurückkehren und sein Land nicht [neuerlich erhalten].*»

Tiglatpileser III. war es im Laufe seiner Regentschaft gelungen, die Herrschaft Assyriens von Nordsyrien bis an den Fuß des Zagros-Gebirges zu stabilisieren. Alle bisherigen Gegner waren kleinere und mittlere Staaten gewesen; der Territorialstaat Assyrien hatte sie inkorporiert oder aber zumindest in Klientel- und Tributverhältnisse gebracht Mit der Besetzung Babyloniens gewinnt das «Land Assurs» den Charakter eines Großreiches.

Sargon II. von Assyrien

Scharru-ukin, «Der König schafft (Gerechtigkeit)», besser bekannt unter der Namensform Sargon, entstammte einer Verbindung Tiglatpilesers III. und einer Nebengemahlin, möglicherweise einer Sklavin. Sein Name dürfte sich kaum auf den gleichnamigen assyrischen Herrscher des 18. Jahrhunderts beziehen; er verweist vielmehr auf ein sehr viel älteres Vorbild: Sargon von Akkade, den Gründer des Reiches von Akkade im 23. Jahrhundert. Im Winter 722 bestieg Sargon II. den Thron Assurs. Auch wenn er als direkter Nachkomme des assyrischen Königs einen legitimen Anspruch auf diese Würde geltend machen konnte, waren doch die Umstände seiner Thronbesteigung verdächtig. Da man eine Zeit lang in der Forschung angenommen hatte, Sargon II. sei ein Usurpator und habe eine neue Dynastie begründet, findet sich für ihn und seine Nachkommen auch die Sammelbezeichnung «Sargoniden». In einer von Sargon II. selbst in Auftrag gegebenen Apologie ließ er den Tod seines Vorgängers als göttlich gewollte Vergeltung für dessen Untaten erscheinen. Unterstützung hatte Sargon II. vor allem bei der Einwohnerschaft der Stadt Assur gefunden, denen sein Vorgänger Salmanassar V. zahlreiche Privilegien entzogen hatte. Sargons Regentschaft begann mit einer großangelegten Säuberungsaktion: Mehr als 6000 Assyrer, die er als verbrecherische Übeltäter, d. h. Kriminelle bezeichnet, ließ er in die syrische Stadt Hamat deportieren.

Sargon kämpfte im Verlaufe seiner Regentschaft an vielen verschiedenen Fronten. Hier sollen drei unterschiedliche, für Sargons Regierung besonders wichtige Tätigkeitsfelder vorgestellt werden: Die Auseinandersetzung mit dem Reich von Urartu, die sich verändernden Beziehungen zu dem südlich gelegenen Babylonien und schließlich der Bau der neuen Hauptstadt Dur-Scharrukin, «Sargons-Burg».

Urartu

Schon länger hatten die nordöstlichen Grenzgebiete den Assyrern Anlaß zur Sorge gegeben. Neben den Mannäern war es vor allem das sich seit dem 9. Jahrhundert formierende Reich von Urartu, das mehrere assyrische Herrscher beschäftigte. Der Name Urartu erscheint in der Bibel in der Form Ararat. Der Siedlungsraum der Urartäer umfaßte etwa das Armenische Hochland mit Urmia-See, Sevan-See und Van-See, an dem auch die Hauptstadt Tuschpa (heute: Van) lag. Das gesamte Gebiet ist stark zerklüftet und schwer zugänglich. Dennoch stellte Urartu im 1. Jahrtausend eine ernsthafte Bedrohung für Assyrien dar. Regelmäßige Vorstöße auf assyrisches Terrain wechselten mit scheinbarer Bereitschaft zu friedlicher Nachbarschaft.

Vielleicht hatte Sargon II. bereits zu Beginn seiner Herrschaft den Entschluß gefaßt, Urartu ein für alle Mal in die Schranken zu weisen. In den assyrischen Staatsarchiven findet sich eine umfangreiche Korrespondenz aus dieser Phase seiner Regierung, welche die Funktionsweise des Geheimdienstes im assyrisch-urartäischen Grenzgebiet erhellt. Unter Leitung von Sargons Sohn und späterem Nachfolger Sanherib sammelte ein Heer von Zuträgern Informationen, die per Brief weitergeleitet wurden. Diese Briefe zeigen, daß man die Vorgänge in Urartu bis ins Detail beobachtete. Der Kronprinz wiederum ließ seinem Vater zusammenfassende Berichte wie den folgenden zukommen: «*An den König, meinen Herrn, Dein Diener Sanherib* (...) *Ein Bote des Arija kam vor mich (mit folgender Nachricht): ‹Der Ukkäer hat dem urartäischen König geschrieben, daß die Gouverneure Assyriens eine Festung in Kumme errichten, und der urartäische König hat wiederum seinen Gouverneuren befohlen ‘Nehmt eure Truppen, zieht aus, nehmt die Gouverneure des Königs von Assyrien lebendig gefangen bei den Leuten von Kumme und bringt sie zu mir!’ – Ich* (es spricht der Bote) *habe noch keine genauen Angaben, aber sobald ich mehr höre, werde ich so schnell wie möglich den Kronprinzen unterrichten, auf daß Truppen zu mir stoßen mögen.›* (...).» Es folgen ausführliche Zitate aus weiteren Schreiben. Hieraus wird deutlich, wie dicht das Netz der Späher und Informanten der assyrischen Könige, aber auch das der Gegenseite, gewesen sein muß. Auch die Weitergabe der Nachrichten erfolgte zügig, denn Sanherib hat offenbar noch am Tag des Eintreffens der Einzelbotschaften sein zusammenfassendes Bulletin an den König abgeschickt. Auf diese Weise war man in der assyrischen Hauptstadt stets auf dem laufenden – und nicht nur über Urartu. Auch in anderen Grenzregionen und Interessengebieten der Assyrer waren entsprechende Netzwerke installiert. Diese Nachrichtendienste waren, wie wir sahen, bereits früher entwickelt worden. Die Informationen, die durch Reisende und Händler übermittelt werden konnten, hätten für die Vorbereitung und Durchführung militärischer Kampagnen nicht ausgereicht. Die Existenz der ‹Geheimdienstzentrale› in Dur-Katlimmu am Habur im 13. Jahrhundert ist ein Hinweis auf die Tradition, in der die Spionagetätigkeit des assyrischen Machtapparates stand.

Unsere Kenntnisse über Sargons II. Feldzug gegen Urartu stammen aus einem Tatenbericht, den er in unmittelbarem Anschluß an die Ereignisse verfassen ließ. Dieser mehrere Hundert Zeilen umfassende Text ist als Brief des assyrischen Königs an den obersten Gott Assur stilisiert und wurde ursprünglich wohl im Tempel des Gottes aufbewahrt. Er gilt als meisterhafte Verbindung interessengeleiteter assyrischer Kriegsberichterstattung und hochliterarischer Schilderungen eines fremden Landes. Exkurse zu Geographie, Topographie, Sitten und Gebräuchen treten als gleichberechtigte Elemente neben die bereits hinlänglich bekannten Schilderungen assyrischer Kriegstaten. Die folgende Beschreibung des Gebirges Wausch (heute: Sahend) geht einem Treffen urartäischer und assyrischer Truppen voraus: «*Am Wausch, dem hohen Gebirge, dessen Gipfel an die Wolken im Himmelsinneren reichen, dessen Gefilde seit Urzeiten kein Lebender durchzogen hat, worin kein Wanderer einen Weg entdeckt hat, über den kein geflügelter Vogel des Himmels fliegt oder zur Aufzucht seiner Jungen ein Nest baut, dieser spitze Berg, aufgerichtet gleich einer Messerklinge, den Schluchten und Flüsse aus weitentfernten Gebirgen durchschneiden* (...), *auf dem Tag und Nacht Schnee liegt, dessen Gestalt über und über mit Eis bedeckt ist, worin jedermanns Körper durch den Ansturm des Orkans niedergeworfen und sein Fleisch durch die Macht der Kälte verbrannt wird.*» In derselben bildreichen Sprache wird wenig später der Sieg der Assyrer über ein urartäisches Heer geschildert: «*Ein furchtbares Gemetzel richtete ich in seinem Heere an, die Leichen seiner Krieger zerstreute ich wie Malz, die Niederungen des Gebirges füllte ich mit ihnen an. Ihr Blut ließ ich wie einen Strom die Spalten und Terrassen herabfließen, Niederungen, offenes Land und Hänge färbte ich rot wie Anemonen. Seine Krieger, das Elitekorps seiner Truppen, die Bogenschützen und Lanzenträger schlachtete ich wie Schafe zu seinen Füßen* (gemeint ist der urartäische König Rusa I.) *dahin und schnitt ihre Köpfe ab.*»

Der Sieg der Assyrer wird angesichts der zerrissenen Gebirgslandschaft und anderer ausführlich geschilderter Fährnisse zu einem besonderen Erfolg hochstilisiert. Die genaue Route, die

Sargon II. auf diesem 8. Feldzug nahm, ist nicht klar. Sicher scheint zu sein, daß er die Hauptstadt Urartus, Tuschpa, nicht einnehmen konnte, jedoch weite Teile des fruchtbaren Gebietes plünderte und brandschatzte. Bereits im Rückzug begriffen, rückte Sargon II. mit einer kleinen Schar von 1000 ausgewählten Kriegern auf Musasir im Grenzgebiet zwischen Urartu und Assyrien vor. Dort stieß er angeblich auf keinerlei Widerstand und verfuhr nach dem bekannten Unterwerfungsmuster: Er ließ die gesamte Bevölkerung gefangen nehmen und verschleppen. Doch es waren die Schatzkammern Musasirs, auf die es der Assyrer abgesehen hatte. Die Plünderungen des königlichen Palastes und des Tempels des urartäischen Wettergottes Haldi erbrachten – wenn man der Überlieferung glauben darf – über 1 Tonne Gold, 10 Tonnen Silber und über 100 Tonnen Bronze in Barrenform. Hinzu kamen mehr als 300 000 Einzelgegenstände, die in einer dem Bericht beigegebenen Liste aufgeführt wurden. Einige Details aus dieser Liste mögen einen Eindruck von dem Reichtum Urartus vermitteln, der den Assyrern damals in die Hände fiel: «*1 Bett aus Elfenbein, die Liegefläche aus Silber, Ruhestätte der Gottheit, besetzt mit Steinen und Gold* (...) *305 412 Bronze-Schwerter, leichte und schwere* (...) *eine Kuh samt ihrem Kalb aus Bronze, die König Sarduri, der Sohn des Ischpuini, dem Tempel des Haldi als Weihgabe geschenkt hat, und auf der eine diesbezügliche Inschrift angebracht ist* (...).» Der Sieg Sargons II. wurde gekrönt vom Tod des urartäischen Königs, der «(...) *von dem leuchtenden Glanz des Gottes Assur, meines Herrn überwältigt, sich mit seinem eisernen Schwert das Herz durchbohrte, wie einem Schwein, und so sein Leben beendete.*» Die assyrischen Verluste, waren nach Sargons II. Angaben, gering: «*1 Wagenkämpfer, 2 Reiter, 3 Kuriere.*»

Babylonien

Zu Beginn seiner Regentschaft hatte Sargon II. zunächst ein Abkommen mit dem babylonischen Herrscher Marduk-apla-iddina II. geschlossen. Marduk-apla-iddina II. war ein Fürst aus dem Stamm Bit-Yakin, der im äußersten Süden Babyloniens lebte. Anders als die benachbarten Stämme hatte er sich zwar 731 Tiglatpileser III. unterworfen; er nutzte jedoch die unübersichtliche Situation und fehlende assyrische Kontrolle über den babylonischen Süden beim Tode Salmanassars V., um seinerseits den Thron in Babylon zu besteigen. Marduk-apla-iddina wußte die chaldäischen Stämme des Südens hinter sich und konnte deshalb die großen, weitgehend autarken Städte des südlichen Zweistromlandes unter Druck setzen.

Sargon II. hatte offenbar zunächst den ‹Verlust› Babyloniens hintangestellt und auf eine unmittelbare militärische Reaktion verzichtet. Vielmehr schloß er im Jahre 720 einen Friedensvertrag mit Marduk-apla-iddina II., in dem beide Seiten als gleichberechtigte Partner erscheinen. Dieser Stabilitätspakt verschaffte Sargon II. die Handlungsfreiheit, die er benötigte, um im Innern des Reiches die Ordnung wiederherzustellten und sich sodann den nördlichen und nordwestlichen Reichsteilen zuzuwenden. Im Jahre 710 endete jäh die Phase trügerischer Ruhe zwischen Assur und Babylon. In mehreren Kampagnen unterwarf Sargon II. das Nachbarreich und brachte es unter assyrische Herrschaft. Marduk-apla-iddina flüchtete zunächst nach Süden und, nach Zerstörung der Stadt Dur-Yakin, offenbar weiter in den Schutz des benachbarten Reiches Elam. Erst nach dem Tod Sargons II. unternahm er einen neuen Versuch, die Machtverhältnisse in Babylonien zu seinen Gunsten zu ändern.

Dur-Scharrukin – «Sargonsburg»

Auch unter Sargon II. erhielt Assyrien eine neue Hauptstadt. Er gründete die Stadt Dur-Scharrukin «Sargons-Burg» circa 15 km nördlich des alten Ninive. Es waren die Ruinen dieser Stadt (heute: Khorsabad), in denen Bottà 1843 n. Chr. – in der irrigen Annahme, es handle sich um das antike Ninive – die ersten assyrischen Skulpturen entdeckte. 717 begannen die Arbeiten in Dur-Scharrukin. Zuvor hatte der König einen Teil des vorgesehenen Baulandes von den Besitzern gegen eine Entschädigung erworben. Die Finanzierung des Unternehmens basierte im wesentlichen wohl auf den durch die Kriegszüge erworbenen Ressourcen; jedoch scheinen auch Darlehensgeschäfte eine gewisse Rolle gespielt zu haben. So klagt ein gewisser Salmanu-[...] in einem Brief an Sargon II.: *«Der König, mein Herr, hat gesagt: ‹Keiner wird Deine Darlehen zurückzahlen bevor die Arbeit in Dur-Scharrukin beendet ist!› – Nun hat man aber die Geschäftsleute (mit Darlehen) für den bereits errichteten Teil von Dur-Scharrukin befriedigt – niemand jedoch hat sich meiner erinnert! 570 Minen Silver [mit meinem Siegel] sind in diesem Jahr fällig und noch nicht zurückgezahlt!* (...).»

Sargon II. setzte die Tradition assyrischer Könige fort, die beherrschte Welt nicht nur in Symbolen und Tatenberichten, sondern sozusagen *en miniature* abzubilden. Planung und Bau der Stadt wurden begleitet von göttlichem Rat, den der assyrische König regelmäßig einholen ließ. Für die Ausführung der Arbeiten an dem gewaltigen Bauprojekt griff er auf die Kriegsgefangenen und Deportierten zurück, die er im Verlaufe seiner militärischen Unternehmungen aus allen Teilen des Reiches nach Dur-Scharrukin hatte bringen lassen. Auf diese Weise verfügte er über eine unerschöpfliche Menge beliebig einsetzbarer Arbeitskräfte, unter ihnen zahlreiche spezialisierte Handwerker und andere Fachkräfte. Die Beschaffung, Verwaltung und Versorgung dieser Arbeitskräfte wie auch das Bauvorhaben selbst stellten hohe logistische Anforderungen an die assyrische Administration. Eine ganze Reihe von Urkunden aus den staatlichen Archiven gibt Einblick in die innere Organisation des Unternehmens. Danach waren den verschiedenen Provinzen des assyrischen Reiches einzelne Bauabschnitte zugewiesen worden, für die sie Arbeitskräfte und Baumaterialien bereitzustellen hatten. Auch das königliche Vermögen mußte zur Finanzierung dieses Unternehmens herhalten. Die in Urartu geraubten Schätze waren eine weitere willkommene Finanzierungsquelle.

Zur Einweihung der neuen Residenz im Jahre 706 reisten auch die großen Götter in Gestalt ihrer Kultbilder aus der alten Kultstadt Assur an. Unterworfene und befreundete Herrscher sandten Boten und kostbare Geschenke und alles, was Rang, Namen und Einfluß in Assyrien hatte oder erstrebte, nahm an dem gewaltigen Festmahl teil, das einen der Höhepunkte der Feierlichkeiten bildete. In mehreren Inschriften ließ der König wissen, daß die neugegründete Stadt als Abbild des Kosmos konzipiert war. Die verschiedenen Tore und Mauerzüge trugen Namen wie «Gott Assur, der die Herrschaft des Königs dauern läßt». Der königliche Palast, mehrere sogenannte Residenzen und Tempel der wichtigsten Götter wurden auf einer künstlich errichteten Terrasse hoch über dem eigentlichen Niveau der Stadt gebaut. Aus Inschriften wissen wir vieles über die Ausstattung der verschiedenen Gebäude. Wir lesen von kostbaren Metallarbeiten, von Malereien, Dekor aus farbigem Ziegelwerk und steinernen Skulpturen. Eine Ahnung der alten Pracht vermitteln die Reste von glasierten Ziegeln und von Wandmalereien sowie die großen Steinskulpturen, die durch die Ausgrabungen zutage gebracht worden sind. Ob jemals das gesamte Stadtgebiet besiedelt war, ist noch ungeklärt.

Im Jahre 705 fand Sargon II. während eines Feldzuges nach Tabal im südwestlichen Anatolien den Tod. Sein Leichnam konnte nicht geborgen werden, er blieb in der Hand des Feindes. Dieses – nicht nur nach assyrischer Vorstellung – schmachvolle Ende wurde später von verschiedenen Interessengruppen propagandistisch verwertet. Sanherib, sein Sohn und Nachfolger, hat die von seinem Vater gegründete Stadt nicht als Residenz genutzt; sie diente fortan nur mehr als Sitz eines Provinzgouverneurs.

7. Assurs Imperium

Sanherib

Sanherib, die akkadische Namensform lautet Sîn-ache-eriba «Der Gott Sîn hat die Brüder ersetzt», war nicht der einzige Sohn Sargons; sein Name bedeutet, daß ältere Brüder frühzeitig verstorben waren. Zum Zeitpunkt seiner Thronbesteigung war er etwa 40 Jahre alt. Seine Regentschaft muß bislang vorwiegend aus seinen offiziellen Inschriften rekonstruiert werden. Immerhin haben sich aus den Jahren vor seiner Thronbesteigung, während derer er seinen Vater Sargon II. unterstützte, Briefe erhalten, die ein wenig von seiner Energie und Tatkraft, Sorgfalt und Umsicht erahnen lassen. So koordinierte Sanherib unter anderem die geheimdienstlichen Tätigkeiten in den nördlichen Grenzgebieten, vor allem die Überwachung von Urartu. Er vertrat seinen Vater in Regierungsgeschäften, wenn dieser nicht in Assyrien weilte und holte brieflich den Rat des Königs ein – über kleine und große Angelegenheiten: *«An den König, meinen Herrn, Dein Diener Sanherib.* (...) *Die Sendboten aus der Kommagene sind gekommen. Mit sich führen sie den Tribut und sieben Maultiergespanne. Der Tribut und die Maultiere befinden sich in der Obhut des Hauses der Kommagene und die Sendboten sind ebenfalls dort und essen ihre eigenen Vorräte. Soll man sie* (gemeint sind der Tribut und die Maultiere) *hochnehmen und nach Babylon* (wo sich Sargon II. offenbar zu diesem Zeitpunkt befindet) *bringen? – Laß mich ihnen* (d. i. den Boten) *schnellstmöglich übermitteln, was der König, mein Herr, befiehlt. Sie haben auch rote Wolle mitgebracht. Die Kaufleute haben mir gesagt, daß sie sieben Talente* (d. i. etwa 210 kg.) *ausgewählt haben, daß aber die Leute aus Kommagene nicht einverstanden waren und gesagt hätten: ‹Wer denkt ihr denn, daß ihr seid? Ihr werdet überhaupt keine Auswahl hier treffen. Man möge es (hinüber)bringen und die Weberinnen des Königs mögen ihre Wahl treffen.› – Der König mein Herr möge mir schreiben, an wen es denn nun gehen soll.»*

Der Tod seines Vaters Sargon II. stürzte Sanherib in Schwierigkeiten. Das unwürdige Ende des Königs war – so glaubten offenbar viele – eine Strafe für den König und ein böses Omen für Assyrien. Der Leichnam des Verstorbenen konnte nicht mit den gebührenden Riten in Assur bestattet werden. Dies bedeutete, daß dem Toten der Eintritt in die (allerdings auch eher trostlose) Unterwelt verwehrt blieb, seine Nachkommen ihn nicht mit den notwendigen regelmäßigen Totenopfern würden versorgen können. Stattdessen wäre sein ‹Totengeist› dazu gezwungen, ruhelos umherzuirren, und nicht nur das: Es stand zu befürchten, daß er sich wie andere Totengeister auch gegen die Lebenden wenden und ihnen Übles zufügen könnte. Eine ganze Reihe von Abwehrritualen, die für solche Fälle gedacht waren, haben sich in den Keilschrifttexten aus dem Zweistromland gefunden.

Auf diesem Hintergrund wird verständlich, daß der Sohn und Nachfolger einen Weg finden mußte, den Schaden für die königliche Familie als die unmittelbaren Angehörigen und für seine Regentschaft zu begrenzen. Es stand zu befürchten, daß politische Gegner die Situation ausnutzen würden. Daß diese Vermutung nicht unbegründet war, läßt ein späterer Text erkennen, der sich mit den Gründen für Sargons II. unwürdiges Ende befaßt. Das schwer verständliche und lückenhafte Dokument mit eindeutig tendenziösem Charakter ist wohl unter dem Enkel Sargons II., Asarhaddon, verfaßt worden. Darin wird argumentiert, daß Sargon II. aufgrund seiner Bevorzugung und nach ihm sein Sohn Sanherib aufgrund seiner Zurückweisung der babylonischen Götter jeweils mit einem schändlichen Tod gestraft wurden. Als Konsequenz ergibt sich – so die Botschaft des Textes – für einen König, der beide Länder, nämlich Assur und Babylon, beherrschen und von einem ähnlichen Schicksal verschont werden will: Babylon, seine Götter und seine Heiligtümer sind zu respektieren und in gleichem Maße zu ehren wie die Götter Assyriens.

Sanherib jedenfalls distanziert sich nach seiner Thronbesteigung zunächst räumlich von der Regentschaft seines Vaters, indem er die Residenz von Dur-Scharrukin nach Ninive verlegt. Auch diese Stadt hatte bereits eine lange Siedlungstradition. Sanherib ließ dort einen älteren Palast abreißen und begann im Jahre 702 mit den Gründungsarbeiten für seinen neuen Palast, den später von den Ausgräbern so genannten «Südwest-Palast». In denselben Zeitraum fielen umfangreiche Arbeiten an der Infrastruktur der Stadt. Die Stadtmauern von Ninive wurden erweitert – die Stadt umfaßte nun eine Fläche von 750 Hektar, 15 Tore führten in die Stadt. Sie trugen sprechende Namen wie z.B. «Lang lebe der Statthalter des Gottes Assur» (= der König). Die Verteidigungsanlagen, das Straßensystem, die Be- und Entwässerungssysteme in und um die Stadt wurden neu organisiert. Sanherib ließ unmittelbar an seinem Südwestpalast sowie nördlich der Stadt Gärten anlegen, in denen er exotische Pflanzen und Tiere aus verschiedenen Regionen des südlichen Zweistromlandes ansiedelte. Im Laufe der Zeit entstand hier ein Abbild Babyloniens.

Die hydraulischen Konstruktionen Sanheribs erregen bis heute Bewunderung. Bereits früher hatten die Könige von Assur Quellfassungen gebaut und Flußbereiche kanalisieren lassen. Doch mit den neugegründeten Residenzstädten des 1. Jahrtausends – Kalchu (unter Assurnasirpal II., 883–859), Dur-Scharrukin (unter Sargon II., 722–705) und Ninive (seit Sanherib, 705, bis ins Jahr 612) – wurden neue Anforderungen an die assyrischen Ingenieure gestellt. Nicht alle Städte waren aufgrund ihrer Lage optimal mit Wasser versorgt – ein enormes Problem angesichts der geplanten Größe und der erforderlichen landwirtschaftlichen Versorgung. Riesige Wassermengen wurden zusätzlich für die prestigeträchtigen Gartenanlagen benötigt, die von den Herrschern seit dem 9. Jahrhundert mit immer neuen Raffinessen ausgestattet wurden. Mit Hilfe von vier Kanalsystemen leitete man aus den bergigen Einzugsgebieten nordöstlich und nördlich von Ninive Wasser durch Tunnel und Aquädukte in das Gebiet um Ninive, um eine hinreichende und vor allem kontinuierliche Wasserversorgung sicherzustellen. Zum Schutz der Stadt vor überschießenden Wassermengen ließ Sanherib künstliche Flußauen anlegen, um – wie er schreibt –

«den Lauf des Wassers für die Gärten zu verlangsamen; ich ließ ein Sumpfgebiet entstehen und pflanzte dort Schilfrohr. Reiher, Röhrrichtschweine und Rehe ließ ich dort frei.»

Tausende von Arbeitskräften wurden in den Jahren bis 688 allein bei den verschiedenen Wasser-Bauprojekten des Königs eingesetzt. Zu den gewiß eindrucksvollsten Leistungen zählt der große Aquädukt bei Jerwan. Errichtet aus über zwei Millionen Kalksteinblöcken überspannte er mit fünf Bögen auf einer Länge von 280 m ein Flußtal. Der assyrische König zähmte die Natur. Nicht nur in Ninive, sondern auch in zahlreichen anderen Städten des Landes Assur ließ Sanherib bauen. Die detaillierten Beschreibungen dieser Unternehmungen in Text und Bild zählen zu den Meisterwerken bildlichen Erzählens in der assyrischen Überlieferung.

Die Zerstörung von Babylon

Zu den drängendsten außenpolitischen Problemen zählte die ungeklärte Position Assyriens im Verhältnis zu Babylonien, das formal zum assyrischen Reich gehörte. Marduk-apla-iddina II. war von Sargon II. verdrängt worden und hatte sich in den Süden des Landes zurückgezogen. Mit der Thronbesteigung Sanheribs sah er nun seine Chance gekommen und verbündete sich mit dem benachbarten Elam. In mehreren Kampagnen gegen Babylonien trieb Sanherib Marduk-apla-iddina in die Flucht; dieser zog sich auf elamisches Gebiet zurück, betrieb jedoch bis zu seinem Tode etwa 695 weiterhin antiassyrische Politik. Als ein Versuch, einen ihm ergebenen Babylonier auf dem Thron zu halten, gescheitert war, setzte Sanherib im Jahre 700 seinen (ältesten?) Sohn Assur-nadin-schumi als Regent in Babylon ein. Es ist nicht recht klar, ob Assur-nadin-schumi als vermutlich Erstgeborener dem Vater später auf den assyrischen Thron hätte folgen sollen. Einige Forscher meinen, daß bereits Sanherib als langfristige Lösung für Babylonien jenes Modell vorgesehen hatte, das sein Sohn und Nachfolger Asarhaddon später verwirklichte: Dieser setzte zwei Brüder als Herrscher über Assur und Babylon ein.

Assur-nadin-schumi wurde 694 von Aufständischen aus Babylon verschleppt, den Elamern übergeben und von diesen – so nimmt man an – getötet. Einige Umstände dieses Unternehmens sind aus einem Brief bekannt, den viele Jahre später ca. 672/669 der damals in Babylon regierende assyrische Prinz Schamasch-schum-ukin an seinen Vater Asarhaddon schrieb. Darin werden die Namen einiger hochrangiger babylonischer Gelehrter genannt, die offenbar an der Verschwörung beteiligt waren; es wird deutlich, daß unter diesen nach wie vor starke Vorbehalte und Widerstände gegen die assyrische Oberherrschaft bestanden.

Sanheribs Vorstöße gegen die aufständischen Kräfte und insbesondere gegen Elam waren nicht wirklich erfolgreich. Er mußte mehrere Rückschläge hinnehmen, bis es ihm 689 gelang, die Stadt Babylon nach längerer Belagerung endlich zu erobern. Er ließ die Kultbilder aus den Tempeln, darunter als bedeutendstes die Statue des Stadtgottes und obersten babylonischen Gottes Marduk, nach Assyrien schaffen, zerstörte die Stadt und ließ den Fluß über die geschleiften Mauern leiten. Er schrieb: «*Die Stadt* (Babylon) *und die Häuser vom Fundament bis zu ihren Zinnen zerstörte ich, riß ich nieder, verbrannte ich mit Feuer. Von der (inneren) Mauer und der Außenmauer, von den Tempeln, von der Zikkurat* (der Stufenturm, auch bekannt als ‹Turm zu Babel›) *riß ich die Ziegel und Erde, soviel da war, heraus und warf sie in den Tigris. Inmitten dieser Stadt grub ich Kanäle und ebnete ihre Fläche durch Wasser ein. Die Struktur ihrer Fundamente zerstörte ich und verwüstete sie mehr als eine Sintflut. Damit in der Zukunft der Standort dieser Stadt und der Gotteshäuser nicht mehr zu identifizieren sei, löste ich sie in Wasser auf, vernichtete sie wie Schwemmland.*» Dieser Akt vollständiger Tilgung einer uralten Kultstadt wurde – nicht nur in Babylonien – als Sakrileg empfunden. Das spätere schlimme Schicksal Sanheribs wurde auf die Zerstörung Babylons und die darin zum Ausdruck gebrachte Nichtachtung der babylonischen Götter zurückgeführt.

Sanheribs Religionspolitik

Gewiß war der Fall wesentlich komplizierter und die Zerstörung der Stadt nicht allein Ausdruck königlichen Zorns. Andere Unternehmungen Sanheribs deuten darauf hin, daß er versuchte, neben der politischen auch die religiöse Unterwerfung zu erreichen. Denn obwohl Babylon nun seit mehr als einem halben Jahrhundert *de facto* Bestandteil des assyrischen Reiches war, blieb das Selbstbewußtsein der babylonischen Eliten und insbesondere der Priesterschaft ungebrochen. Verband Sanherib mit der Zerstörung Babylons die Hoffnung, diesem Selbstbewußtsein den Boden zu entziehen? Oder war sein Plan noch umfassender angelegt? Er unternahm nämlich den Versuch, den obersten babylonischen Gott Marduk und den obersten assyrischen Gott zu vereinigen. Die Überführung der Götterbilder nach Assyrien war nur ein Schritt in diesem Programm. Dieselbe Tendenz zeigt eine Umdichtung des großen Weltschöpfungsliedes *Enuma Elisch,* das nach seinen akkadischen Anfangsworten «Als oben» benannt ist. Darin besiegt der junge Gott Marduk zunächst die Mächte des Chaos um dann, von den übrigen Göttern als König anerkannt, die Welt neu zu ordnen. Die assyrische Version ersetzte den Namen Marduk durch Assur; damit stand nun der Berggott aus der Stadt am Tigris an der Spitze des mesopotamischen Pantheons.

Schließlich versuchte Sanherib, ein Stück babylonischer Kulttopographie in die Stadt Assur selbst zu übertragen. Nachdem in Assur über Jahrhunderte hinweg die Tempel in ihren wesentlichen Strukturen unangetastet geblieben waren, führte Sanherib eine ganze Reihe von Neuerungen ein. Er erweiterte den alten Tempel des Gottes Assur um einen im Osten vorgelagerten Hof mit einem großen Wasserbecken und errichtete nach babylonischem Vorbild außerhalb der Stadt ein Festhaus als Ziel der großen Götterprozession während der Frühjahrsfeierlichkeiten. Auch in Assur hatte es wie in allen großen altorientalischen Städten kultische Feierlichkeiten gegeben, die den Beginn eines neuen agrarischen Zyklus markierten. Unter Sanherib wurde nun dieses angeblich (oder tatsächlich?) ‹in

Vergessenheit geratene› Ritual wiederbelebt und nunmehr nach babylonischem Vorbild gestaltet. Keilschrifttafeln aus Assur und Ninive überliefern Teile des Ritualgeschehens im Festzyklus sowie mythologische Deutungen der einzelnen Akte: Die in Assur begangenen Feierlichkeiten weisen enge Parallelen auf mit den aus Babylon bekannten Riten. Die von Sanherib angestoßenen Erneuerungsprozesse wurden von seinen Nachfolgern weitergeführt. Assur und Marduk verschmolzen zumindest in der Staatstheologie zu einer einzigen mächtigen Gottheit.

Die Regelung der Nachfolge

Während in der Außenpolitik eine hinreichend stabile Situation herrschte, führten Sanheribs Nachfolgeregelungen im Jahre 683 zu massiven Widerständen innerhalb der königlichen Familie. Er bestimmte nämlich seinen jüngsten Sohn, Asarhaddon, zum Kronprinzen und damit zum Thronfolger. Inwieweit auch die Mutter des Asarhaddon, Naqia, Einfluß auf den König geltend machen konnte, ist strittig. Ob Sanherib damit eine ältere, etwa um 700 getroffene Regelung außer Kraft setzte, ist gleichfalls unsicher. In jedem Falle überging er mit der Einsetzung des Asarhaddon mehrere seiner älteren Söhne. Möglicherweise hat Sanherib damit nicht nur gegen Brauch und Herkommen, sondern zudem gegen geltendes Recht verstoßen. Daß seine Vorgehensweise zumindest ungewöhnlich war, ergibt sich aus den umfangreichen Vorsichtsmaßnahmen, die er im Hinblick auf die theologische Legitimierung und den konkreten Schutz des Asarhaddon traf. In einem umfangreichen Vertrag verpflichtete man sich eidlich, den Kronprinzen vor allen Fährnissen, insbesondere auch vor unberechtigten Ansprüchen aus der königlichen Sippe zu schützen.

Es ist nicht bekannt, ob es in Assyrien eine grundsätzliche Regelung gab, wonach stets der älteste Sohn dem Vater auf den Thron folgte. Auch in früheren Jahrhunderten lassen rasch aufeinanderfolgende Thronwechsel vermuten, daß es innerhalb der Gruppe der Prinzen und der Brüder des verstorbenen Herrschers immer wieder zu Rivalitäten um die Nachfolge gekommen war. Aus der Tatsache, daß bislang nur aus dem 7. Jahrhundert vertragliche Regelungen zugunsten eines nachgeborenen Thronfolgers bekannt sind, hat man jedoch geschlossen, daß es sich dabei wohl um Ausnahmen gehandelt haben muß. Auch ein pompöser Thronname, den Sanherib seinem Sohn bei dieser Gelegenheit zuerkannte, scheint diesen Verdacht zu bestätigen. Asarhaddon sollte von nun an den Namen Assur-etel-ilani-mukin-apli tragen, das heißt: «Assur, der Fürst der Götter, der den Erbsohn bestimmt hat». Über seine Einsetzung zum Kronprinzen berichtete Asarhaddon rückblickend: *«Obwohl ich jünger war als meine älteren Brüder, hat mein Vater, der mich gezeugt hat, auf Geheiß des Assur, des Sin, des Schamasch, des Bel und des Nabu, der Ischtar von Ninive und der Ischtar von Arbela, mein Haupt aus der Mitte meiner Brüder erhoben, (indem er sprach): ‹Dieser sei der Sohn meiner Nachfolge›. Als er dann Schamasch und Adad in einer Opferschau befragte, antworteten sie ihm ein festes Ja, wie folgt: ‹Er ist dein Nachfolger!› Er achtete ihren gewichtigen Spruch und versammelte die Leute des Landes Assur, klein und groß, meine Brüder, den Samen meiner väterlichen Sippe, und ließ sie bei Assur, Sin, Schamasch, Nabu und Marduk, den Göttern des Landes Assur, die Himmel und Erde bewohnen, einen Eid schwören, meinen Status als Kronprinz zu schützen.»*

Doch dieser Schwur hielt seine Brüder offensichtlich nicht davon ab, weiterhin gegen ihn zu intrigieren – sie *«schmiedeten böse Pläne. Sie richteten Verleumdungen, Lästerungen und Lügen (...) gegen mich, Falschheiten und Ruchlosigkeiten. Hinter meinem Rücken streuten sie Gehässigkeiten. Auf diese Weise machten sie das mir wohlgesinnte Herz meines Vaters gegen den Willen der Götter mir gegenüber feindlich. Doch tief innen empfand sein Herz Erbarmen, waren seine Sinne auf meine künftige Ausübung des Königtums gerichtet.»*

Ob der schwelende Konflikt am königlichen Hof *de facto* eine Bedrohung für den Kronprinzen darstellte oder ob Gerüchte über ihn (er war chronisch krank) dazu führten, daß er bei seinem Vater vorübergehend in Ungnade fiel – in jedem Falle schickte Sanherib seinen Sohn im Frühjahr des Jahres 681 an einen entlegenen Ort in der Provinz; im Rückblick wird dieser Vorgang von Asarhaddon als eine Art Entrückung durch die Götter zum Schutz seines künftigen Königtums beschrieben. Die Nachfolgeregelung wurde jedoch nicht geändert. Andererseits gelang es Sanherib offensichtlich auch nicht, die widerstreitenden Parteien zur Ruhe zu bringen, im Gegenteil. Offenbar haben sich die übergangenen Prinzen und ihre Sympathisanten in einem Vertrag zum Aufruhr verschworen. Wenig später wird Sanherib von Urdu-Mullissu und einem oder mehreren weiteren seiner Söhne zu Tode gebracht. Eine Inschrift seines Enkels Assurbanipal nennt den Ort des Mordes – einen Tempel in Ninive.

In der jüngeren Überlieferung zu diesem Ereignis läßt sich sehr gut beobachten, wie dieser Tod des Sanherib von verschiedenen Interessengruppen gedeutet wird. Ein babylonischer König des frühen 6. Jahrhunderts, Nabonid, sah in der Ermordung Sanheribs die Vergeltung für dessen Zerstörung der Stadt Babylon im Jahre 689. Auch die Schriften des *Alten Testaments* erwähnen den Tod Sanheribs, unter anderem bei der Schilderung der Belagerung Jerusalems durch die assyrischen Heere (2. Könige 19, 35–37): *«In derselben Nacht aber ging der Engel des Herrn aus und erschlug im Lager der Assyrer 185 000 Mann. Und am anderen Morgen früh, siehe, da waren sie alle tot, lauter Leichen. Da brach Sanherib, der König von Assyrien auf und zog hinweg, kehrte heim und blieb in Ninive. Und einstmals, als er im Tempel seines Gottes Nisroch betete, da erschlugen ihn Adramelech* (= Urdu-Mullissu) *und Sarezer mit dem Schwerte. Und diese flüchteten sich ins Land Ararat* (d. i. Urartu), *König aber wurde an seiner Statt sein Sohn Asarhaddon.»* In dieser Verbindung erscheint im geschichtlichen Rückblick der Tod des Assyrers als Teil von Jahwes Strafgericht.

Asarhaddon

Asarhaddon erfuhr offenbar recht bald von den Ereignissen in Ninive. In später abgefaßten Inschriften schildert er, wie er mit ihm ergebenen Truppen und unterstützt von göttlichem Beistand in Eilmärschen Richtung Ninive zog. Ein Teil der gegen ihn aufgestellten Rebellentruppen – unter ihnen sein (Halb)-Bruder Urdu-Mullissu – flüchtete, andere liefen angesichts der Entschlossenheit von Asarhaddons Truppen zu dem desiginierten Thronanwärter über. Zunächst hielt Asarhaddon Einzug in Ninive, um wenige Tage später in Assur offiziell den Thron Assyriens zu besteigen. Die Ungewißheit dieser Phase spiegelt sich in einer Serie von Orakelsprüchen der Göttin Ischtar an Asarhaddon, in denen sie ihn ihres Schutzes versichert.

In den Monaten nach seiner Thronbesteigung war Asarhaddon zunächst mit der Neuordnung der innenpolitischen Verhältnisse beschäftigt. Er ließ zahlreiche Anhänger seiner Brüder, darunter viele hohe Würdenträger des assyrischen Hofes, töten. Doch offenbar gelang es einigen, ihre Beteiligung an der Verschwörung zu verbergen. So geht aus einem (wohl) an Asarhaddon gerichteten Brief hervor, daß zwei seiner engsten Vertrauten angeblich ebenfalls an dem Komplott beteiligt waren.

Für die Dauer seiner Regentschaft blieb Asarhaddon bestrebt, die Grenzen des assyrischen Reiches weiter auszudehnen. Die phönizischen Städte an der Küste des Mittelmeeres und die Könige von Zypern schickten jährliche Tributleistungen, Teile Ägyptens wurden besetzt. Allerdings entwickelten sich die Kimmerier, die bereits einige Jahre zuvor den Urartäern eine große Niederlage beigebracht hatten, zu einer neuen Bedrohung für Assyrien. Das im Süden gelegene Babylonien hingegen war Teil des assyrischen Reiches und damit eher ein innenpolitisches Problem. Allerdings reichten die Methoden der Integration und Administration, die sich für andere eroberte Gebiete durchaus bewährt hatten, für Babylon offenbar nicht aus. Immer wieder kam es zu lokalen und regionalen Erhebungen, die Asarhaddon zu militärischen Interventionen zwangen.

Babylons Wiederaufbau

Dennoch begann er in den 70er Jahren mit dem Wiederaufbau des zerstörten Babylon. Die wirtschaftliche Grundlage hierfür wie auch für die Renovierungs- und Bauprojekte in anderen großen Städten Südmesopotamiens war im wesentlichen die Beute aus dem Ägyptenfeldzug. Den Verlauf dieser Arbeiten in Babylon kennen wir aus Asarhaddons eigenen Inschriften und aus Briefen, in denen er über Fortschritte, Verzögerungen und Mängel während der Bauphasen unterrichtet wurde. Diese Briefe vermitteln in ihrer direkten Art einen lebhaften Eindruck von dem Engagement, dem starren Bürokratismus, aber auch den Eifersüchteleien der beteiligten Personen bzw. Institutionen. So berichtet ein Briefschreiber über die Arbeiten an den Fundamenten des neuen Tempels: «(...) *Didi, der Architekt, der den Arbeiten an Esangila* (dem Hauptheiligtum) *zugewiesen wurde, ist da. Ich sagte zu ihm: ‹Mach dich daran, zusammen mit mir die Fundamente auszubringen!› Er aber sagte: ‹Ich kann auf keinen Fall ohne Anweisung des Königs beginnen. Ich habe ein entsprechendes Schreiben an den Palast geschickt wegen der Arbeiten(?) an Esangila* (...) *aber bisher hat man keinen Befehl an mich erlassen.› – Man soll doch nun endlich einen Befehl für ihn ausgeben, damit er sich mit mir (an die Arbeit) machen kann. Ohne ihn kann ich die Fundamente nicht ausbringen!»* – Trotz dieser und anderer Widrigkeiten gelang es schließlich, den Tempelbezirk mit seinen verschiedenen Gebäuden fertig zu stellen. Und auch hierüber wurde der König pflichtschuldigst in Kenntnis gesetzt: «*An den König, meinen Herrn, (so spricht) dein Diener, Urdu-acheschu.* (Es folgen ausführliche Segenswünsche für den König, dann heißt es weiter): *Esangila, der obere Hof in dem Tempel, in dem der Gott Bel und die Göttin Beltia wohnen, einschließlich seiner Kapellen, die Cella der Göttin Taschmetu, der untere Hof einschließlich seiner Kapellen – alles ist vollkommen wiederhergestellt worden. Die Pflasterung,* (... hier ist der Text stark zerstört ...), *die Drainage-Rohre sind fertiggestellt. Wir haben Bitumen-Estrich ausgebracht und gebrannte Ziegel an allen Tempeln. Wir warten nunmehr auf die Einweihungsriten(?). Der König, mein Herr, möge dies wissen!»*

Die Regelung der Nachfolge

Im Zusammenhang mit der Lösung der Babylonien-Frage trifft Asarhaddon im Jahre 672 eine folgenreiche Entscheidung. Er bestimmt seinen ältesten Sohn Schamasch-schumu-ukin als Kronpinzen und künftigen König von Babylon, und setzt dessen jüngeren Bruder Assurbanipal als Kronprinzen und künftigen König von Assyrien ein. Ob Asarhaddon die möglichen langfristigen Konsequenzen dieser Lösung wirklich bedacht hatte – gerade auf dem Hintergrund der eigenen Erfahrungen – bleibt ungewiß. Auch diese Thronfolgeregelung wird – wie die früheren – mit einer Vereidigung der verschiedenen politischen Gruppen bekräftigt. Über den Akt sind wir ausführlich informiert: Neben mehreren Exemplaren der Regelungen selbst, haben sich Beschreibungen aus anderen Quellen, sowie eine Reihe sachlich zugehöriger Briefe erhalten. In einer gewaltigen Zeremonie ließ der amtierende König im Jahre 672 *«die Bewohner des Landes Assur, groß und klein, von Küste zu Küste zusammenkommen, ließ sie einen Eid bei den Göttern schwören und setzte ein Übereinkommen zum Schutz meines Kronprinzentums und meines zukünftigen Königtums über das Land Assur»*, berichtete sehr viel später Assurbanipal in einer seiner Inschriften.

In der Präambel werden die Vertragsparteien benannt, sodann folgt eine Aufzählung der bei diesem Vertragsschluß als Zeugen anwesenden Gottheiten, sowie ein Schwur, der sämtliche Gottheiten Assyriens, Babyloniens und aller Länder, des Himmels und der Erde einschließt. Es schließen sich 36 Abschnitte an, in denen die einzelnen Eidesbestimmungen zum Schutz des Thronfolgers konkretisiert werden; die einleitende, allgemeinste lautet: *«Dies ist der Vertrag, den Asarhaddon, der König von Assyrien, mit Dir in Anwesenheit der großen Götter des Himmels und der Erde über Assurbanipal, den Kronprinzen des Nachfolgehauses, den Sohn des Asarhaddon, des Königs von Assyrien, Deines Herrn, den er benannt und in die Kron-*

*Abb. 4: Stele aus Samʿal aus dem Jahr 671:
Das Hauptfeld zeigt Asarhaddon mit zwei unterworfenen Gegnern.
Die Symbole vor dem Kopf des Königs stehen für verschiedene Gottheiten.
Auf den Seitenfeldern links und rechts sind die beiden
Kronprinzen dargestellt.*

prinzenwürde eingesetzt hat: Wenn Asarhaddon, der König von Assyrien, zu seinem Schicksal geht (d. h.: wenn der König stirbt), *wirst Du Assurbanipal, den Kronprinzen des Nachfolgehauses, auf dem Thron des Königtums Platz nehmen lassen, und er wird Königtum und Herrschaft über Dich ausüben. Du aber sollst ihn in Stadt und Land schützen, sollst für ihn fallen und sterben. Du sollst mit ihm aufrichtigen Herzens sprechen, ihm verläßlichen Rat geben* (...) *Du sollst ihn nicht absetzen, auch nicht einen seiner Brüder, älter oder jünger, an seiner Statt auf den Thron des Landes Assur setzen.»* Es folgen detaillierte Beschreibungen verschiedener Formen möglicher Opposition gegen die Thronfolgeregelungen, gegen den Thronfolger und seine Familie etc. und die Verpflichtungen des Eidnehmers in den genannten Fällen. Der Text schließt mit Regelungen über die Wahrung der Eide und einer langen Reihe von Verfluchungen, die den Vertragsbrüchigen treffen sollen.

Die Gelehrten des Königs

Aus der Regentschaft Asarhaddons haben sich zahlreiche Korrespondenzen zwischen dem König und seinen Beratern erhalten; damit stehen eine Vielzahl von Detailinformationen über diesen Herrscher und den Kreis seiner Ratgeber zur Verfügung. Neben den militärischen Führern waren es vor allem verschiedene Gelehrte, die den König berieten und schützten. Die Hauptgruppe dieser Gelehrten scheint mehr oder weniger unmittelbar am königlichen Hof in Ninive gearbeitet zu haben, andere gehörten zu Gruppen, die in allen größeren Städten des assyrischen Reiches lebten. Immer wieder sandte der König auch einzelne Gelehrte mit besonderen Aufträgen aus. In den Briefen der Berater an den König spiegelt sich die ganze Bandbreite seiner täglichen Geschäfte und Sorgen. Wir erfahren von schwierigen diplomatischen Verhandlungen, von Durchfallerkrankungen und Zahnschmerzen der jungen Prinzen, von den kleinen und großen Diebstählen an den Tempeln, von juristischen Problemen, von Schmeichelei und Protektionismus, von besorgniserregenden Vorzeichen, ja auch von den offenbar wiederkehrenden Krankheitsschüben des Königs. Die Vielfalt dieser Texte ist überraschend und kaum zu vermitteln; ein Beispiel sei zitiert: Balasi und Nabu-ahhe-eriba, zwei enge Vertraute Asarhaddons und Erzieher des jungen Kronprinzen Assurbanipal, schreiben besorgt um die Gesundheit des Königs nach respektvollen Grüßen: «*Der König, unser Herr möge uns verzeihen – aber ist ein Tag nicht genug, an dem der König kleinmütig ist (und) sein Mahl nicht ißt? Wie lange? Dies ist nunmehr der dritte Tag, an dem der König keine Mahlzeit zu sich nimmt: Der König – ein armer Mann?!!! Sowie es Monatsanfang (ist), und der Mond sichtbar wird – wird (unser König doch hoffentlich sagen) ‹Ich will nicht fasten. Es ist nunmehr Monatsanfang. Ich will Brot essen und Wein trinken!›*

Der Einfluß der Gelehrten auf den König war größer, als es diese Ratschläge und Informationen ahnen lassen. Immer wieder konsultierte Asarhaddon die weisen Männer wegen angeblicher oder tatsächlicher unheilverkündender Zeichen, die man beobachtet hatte. Sämtliche offiziellen Termine, Empfänge, Bankette, Audienzen, Reisen wurden an ungünstigen Tagen abgesagt und gegebenenfalls verschoben. Zu den unheilvollsten Vorzeichen zählte die Sonnenfinsternis. Die Sonne bzw. der Sonnengott galt als die Verkörperung des Rechts, als mächtiger Beschützer des Königs und Hüter der rechten Ordnung. König und Sonnengott wurden – nicht nur in Assyrien – in ihrer Funktion als Richter, Hüter der Ordnung und Weltenlenker praktisch gleichgesetzt. Schmückende Titel wie «Sonne aller Völker» finden sich regelmäßig in den Titulaturen der assyrischen Könige. Eine Verfinsterung der Sonne bedeutete Abwesenheit des Rechts, der Ordnung; sie stand für die Herrschaft des Chaos, und nicht nur das: Die Verfinsterung des Tagesgestirns kündigte seit alters her den bevorstehenden Tod eines Herrschers an.

Doch man hatte Wege gefunden, diesem Unheil zu entgehen. Stand eine Sonnenfinsternis zu erwarten, so wählte man aus dem Volk einen Ersatzkönig, bekleidete ihn mit den königlichen Gewändern und Insignien und setzte ihn anstelle des echten Herrschers auf den Thron. Dieser lebte – bis zu einhundert Tagen – unter dem Decknamen «Bauer» unbehelligt im Verborgenen, bis die Gefahr gebannt war. Das Schicksal des Ersatzkönigs nach dem Ende der Sonnenfinsternis ist unklar; vermutlich wurde er getötet. Im übrigen bedrohte nicht jede Sonnenfinsternis den assyrischen König: Ein kompliziertes Bedingungsgefüge, auf dessen Deutung sich nur die Experten verstanden, leitete die Interpretation. So ist nicht zu übersehen, welche Macht den Gelehrten unter einem leicht manipulierbaren Herrscher in die Hand gegeben war. Einige gut plazierte Hinweise konnten genügen, um politische Entscheidungen zu beeinflussen, zu verzögern oder zu beschleunigen.

Assurbanipal

Nach dem Tod seines Vaters Asarhaddon im November des Jahres 669 bestieg Assurbanipal den Thron. Man nahm dies zum Anlaß für eine erneute, umfassende eidliche Loyalitätsverpflichtung, die den Mitgliedern der königlichen Sippe – an erster Stelle werden sein «gleichrangiger» Bruder Schamaschschumu-ukin sowie ein weiterer Bruder namens Schamaschmetu-uballit genannt – und allen Würdenträgern und den Bewohnern des Landes Assur auferlegt wurde. Ob ein solches beeidetes Abkommen im Rahmen der Thronbesteigung ungewöhnlich war, wissen wir nicht; Vergleiche aus früheren Jahrhunderten fehlen. Ungewöhnlich ist, daß dieses Abkommen auf Betreiben der Großmutter des Assurbanipal, Naqia-Zakutu abgeschlossen wurde, die zudem als Vertragsgeberin genannt wird.

Wie bereits Asarhaddon zeichnete sich auch Assurbanipal durch einen hohen Grad an Bildung und umfassende Kenntnisse in den verschiedenesten Disziplinen aus. Über seine Erziehung und Ausbildung sind wir dank seiner eigenen Inschriften ausführlich informiert. Immer wieder rühmt er sich seiner hohen Gelehrsamkeit und Weisheit. Daß es sich dabei nicht um reine Propaganda handelte, belegt die Korrespondenz, die er mit den verschiedenen Gelehrten Assyriens und Babyloniens über schwierigste Themen pflegte. Sein Interesse für die schriftlich überlieferten Traditionen Mesopotamiens führte schließlich zum Aufbau jener gewaltigen Tontafel-Sammlung in seinem Palast in Ninive – besser bekannt unter dem Namen Bibliothek des Assurbanipal –, die uns noch heute über diese reichen Traditionen belehrt. Einige dieser Texte mag der König mit eigener Hand von älteren Vorlagen kopiert haben.

Nach seiner Thronbesteigung setzte Assurbanipal die eher besonnene Politik seines Vaters fort und versuchte zunächst, die Situation in Babylon zu befrieden. Er zollte den Göttern Babylons Respekt, indem er endlich ihre Kultbilder, allen voran das des Gottes Marduk von Babylon, die unter Sanherib nach Assyrien geschafft worden waren, nach Babylon zurückführen ließ. Dort regierte noch immer sein Bruder Schamasch-schumu-ukin als designierter Erbprinz des babylonischen Reichsteiles. Im Jahre 668 wurde er offiziell zum König des Landes Sumer und Akkad gekrönt. Auch seine anderen Brüder versorgte Assurbanipal angemessen. Einer von ihnen wurde als oberster Priester des Mondgottes in der Stadt Harran eingesetzt. Diese bedeutende Stadt lag im Nordwesten des Reiches und sollte beim Zusammenbruch des assyrischen Reiches eine unglückliche Rolle spielen.

Assurbanipals außenpolitische Erfolge

Nachdem auf diese Weise die innerfamiliären Zwistigkeiten beigelegt und vor allem die Kontrolle des babylonischen Reichsteiles gesichert schienen, ging Assurbanipal zu einer expansiven Eroberungspolitik über. Zunächst führte er die militärische Besetzung Ägyptens, die bereits sein Vater eingeleitet hatte, fort. Verschiedene Erhebungen einstiger assyrischer Vasallen wurden niedergeschlagen, die Verträge mit den Königen der Levante und Zyperns erneuert. Im Jahre 664 fiel schließlich das ägyptische Theben in die Hände der Assyrer. Assurbanipal schloß mit dem herrschenden Pharao Necho I. und einer Reihe weiterer potenter Kriegsherren in Ägypten Abkommen. Diese belauerten sich gegenseitig und so konnte nach dem Tod des Pharao dessen Sohn Psammetich I. nur mit Unterstützung des assyrischen Hegemon die Nachfolge als Pharao antreten.

Im Osten suchte Assurbanipal wiederum von den Rivalitäten innerhalb der königlichen Familie Elams zu profitieren, indem er zahlreichen Angehörigen der zunächst unterlegenen Partei Asyl gewährte. Es kam zu Auslieferungsforderungen seitens des neuen elamischen Herrschers Teuman und schließlich zu einer gewaltigen Schlacht am Fluß Ulai, die mit einem assyrischen Sieg endete. Die assyrischen Truppen zerstörten Susa, die Hauptstadt des Reiches Elam. Der Triumph über Teuman – den Höhepunkt bildete die Enthauptung des gefangenen Gegners – ist Gegenstand ausführlicher Schilderungen in den Annalen Assurbanipals sowie mehrerer Reliefzyklen, die in den Palästen in Ninive angebracht wurden. Die Regentschaft über

Elam wurde nun in die Hände des von Assyrien unterstützten Teils der königlichen Familie gelegt. Wie im Falle Ägyptens übernimmt nicht der König von Assur selbst die politische Macht, sondern ein von Assur gestützter einheimischer Herrscher, legitimiert durch seine Abstammung aus der traditionellen Herrscherdynastie.

Inzwischen hatte im Norden und Nordosten die Gefährdung durch die Kimmerier, die ihrerseits von den nachfolgenden Skythen bedrängt wurden, immer bedrohlichere Ausmaße angenommen. Verschiedene kleinere Völker Anatoliens suchten bei den Assyrern um Unterstützung nach – unter ihnen auch der Lyderkönig Gyges, der einen Boten mit einem Hilfeersuchen nach Ninive sandte.

Das assyrische Imperium umfaßte nunmehr den gesamten Fruchtbaren Halbmond, hielt Teile Ägyptens besetzt und der assyrische Herrscher war tatsächlich «König der vier Weltgegenden», politische Supermacht im Alten Vorderen Orient. Doch eben dieses «Königtum über die vier Weltgegenden» barg in sich ein strukturelles Problem, denn das «Land Assurs» erwies sich gerade infolge seiner gewaltigen geographischen Erstreckung zunehmend als schwer beherrschbar. Nicht allein die äußere Bedrohung der Grenzen, sondern auch die ständigen Versuche der unterworfenen Völker in den Randgebieten, den assyrischen Oberherrn abzuschütteln, brachten die organisatorischen Möglichkeiten des Großreiches an ihre Grenzen. Der Untergang Assyriens nahm seinen Anfang auf dem Höhepunkt der Macht, in der größten territorialen Ausdehnung des Landes Assur, in seiner imperialen Zerdehnung. Zunächst freilich waren eher partielle Verluste zu verzeichnen.

Das bisher angewandte Herrschaftsschema, unterworfene Völkerschaften durch Verträge, militärische Präsenz und assyrische Administration oder die Unterstützung einheimischer proassyrischer Herrscher an Assyrien zu binden, funktionierte angesichts der nunmehr erreichten Größe nicht mehr effizient. Die ethnische und kulturelle Vielfalt innerhalb des Reiches, die verschiedenen Formen der Unterdrückung und das Fehlen einer integrierenden Ideologie verhinderten eine wirkliche ‹Reichsidentität›. Die auf den beständigen Zustrom von Tribut und Kriegsbeute ausgerichtete assyrische Wirtschaft war durch die Finanzierung immer neuer militärischer Kampagnen übermäßig belastet. Damit war die Situation kurz vor der Mitte des 7. Jahrhunderts bereits schwierig genug, als die lange Jahre einigermaßen stabil gehaltene Situation im babylonischen Reichsteil eskalierte.

Der Bruderkrieg

Die Beibehaltung der Königswürde in Babylon war wohl in erster Linie ein Zugeständnis an die Bevölkerung des südlichen Zweistromlandes – ein Kompromiß, der den Vorbehalten der assyrischen Könige gegen eine vollständige Unterwerfung Babyloniens entsprach. Babylonien, die bereits damals altehrwürdige Wiege der Menschheit, war nie ein gewöhnlicher Gegner gewesen. Hier fanden sich die großen alten Kultstädte, die Tempel der höchsten Götter des Zweistromlandes – und damit auch Assyriens. Hier hatten die Könige von Sumer und Akkade geherrscht, hier hatten zahlreiche Mythen, Epen und Heldensagen des Zweistromlandes ihre Heimat, hier lagen die jahrhundertealten Zentren der Gelehrsamkeit. Ob Assyrien jemals hatte hoffen können, mit der Beibehaltung eines scheinbar eigenständigen babylonischen Königtums schließlich auch die Bevölkerung des Südens zu gewinnen, scheint indes mehr als fraglich. Die verschiedenen Interessengruppen im südlichen Zweistromland waren sich der assyrischen Hegemonie und der Tatsache, daß ein Assyrer auf dem Thron Babylons saß, stets bewußt. Zwar übernahm Schamasch-schumu-ukin als König von Babylon die ihm zukommenden kultischen Aufgaben und mochte auf diese Weise zumindest formal Teile des Klerus ruhigstellen. Alle machtpolitisch bedeutsamen Entscheidungen traf jedoch der König von Assur – und dies allein dürfte genügt haben, die Unzufriedenheit in Babylon zu schüren. Der in den Loyalitätseiden beschworene Status von Schamasch-schumu-ukin und Assurbanipal als zweier gleichrangiger Brüder erwies sich am Ende als Fehlkonstruktion.

Nachdem die Doppelmonarchie 16 Jahre gewährt hatte, verwehrte im Jahre 652 Schamasch-schumu-ukin demonstrativ seinem Bruder und Oberherrn den Zutritt zu den Kultstätten Babylons. Mit diesem Schritt stellte er sich an die Spitze der einflußreichen anti-assyrischen Kräfte innerhalb und außerhalb Babyloniens. Er nutzte den Haß nicht nur der Babylonier, sondern auch anderer unterworfener Völkerschaften gegen Assyrien, um immer neue Truppen gegen seinen Bruder Assurbanipal zu mobilisieren. Andere, allen voran Elam und die arabischen Fürsten des Südens, schlossen sich dem erbittert geführten Kampf an. Damit aber brachen sie die Eide, die sie ihrem assyrischen Oberherren, dem König von Assur, geschworen hatten. Assurbanipal kommt in seinen Inschriften immer wieder auf diesen Punkt zu sprechen: «*Ebenso wie Elam hörte er* (gemeint ist der König eines arabischen Stammes) *auf die treulosen Reden des Landes Akkad* (Babylonien), *mißachtete den mit mir geschlossenen Vertrag. Mich, Assurbanipal* (...) *das Geschöpf der Hände des Assur, verließ er.*» Nach vier Jahren endete 648 die Erhebung des südlichen Reiches mit der Einnahme Babylons durch die assyrischen Truppen. Assurbanipal übernahm jedoch auch diesmal nicht selbst den babylonischen Thron, sondern setzte einen weitgehend unbekannten Mann namens Kandalanu als Verwalter Babylons ein.

Die Anhänger seines Bruders nicht nur in Babylon und dem südlichen Zweistromland wurden – mit Ausnahme jener, die wie einige chaldäische Stämme des Südens noch während des Konfliktes die Seiten gewechselt und sich aufs Neue vertraglich an Assurbanipal gebunden hatten – systematisch verfolgt und bestraft. Der Vertragsbruch gegenüber dem assyrischen König bedeutete aus assyrischer Sicht nicht nur einen Bruch der politischen Loyalität, sondern auch den Bruch der eidlichen Verpflichtungen gegenüber jenen Göttern, bei denen der Vertrag beschworen worden war. Der Vertragsbruch kam einem Vergehen gegen die göttliche Weltordnung gleich. Der assyrische König, der sich als von den Göttern bestellter Hüter dieser Weltordnung verstand und gerierte, sah sich aufgerufen, im Auftrag der Götter die Übeltäter zu bestrafen. Dies geschah mit aller nur denkbaren Härte. So legte er einem der aufständischen arabischen Könige ein Halsband um und ließ ihn zusammen mit einem Bären und einem Hund ein Tor der inneren Stadtmauer von Ninive mit dem Namen «Eingang der Überprüfung der Welt» bewachen. Andere mußten Frondienste beim Bau königlicher Palastanlagen leisten, wieder andere wurden auf grausamste Art zu Tode gebracht.

8. Finis Imperii

Die Nachfolger Assurbanipals

Über die letzten Jahre der Regentschaft Assurbanipals ist wenig bekannt, sichere Aussagen lassen sich nicht machen. Insbesondere die praktisch quellenlosen Jahre zwischen 630 und 616 bereiten dem Historiker große Probleme. Gerade in diesen Jahren dürften aber zumindest einige der Ursachen für die relativ plötzliche innenpolitische Schwäche Assyriens zu suchen sein, in deren Folge Assur die Herrschaft über Babylon entglitt. Bereits über die letzten Jahre des Assurbanipal sowie über die von ihm vorgesehene Nachfolgeregelung für Assur und Babylon ist nichts bekannt. Assurbanipals Sohn Assur-etel-ilani hat vielleicht im Jahre 631/30 den assyrischen Thron übernommen. Hinweise auf eine generelle Abgabenbefreiung im darauffolgenden Jahr, wie sie sich regelmäßig mit dem Beginn einer neuen Regentschaft verband, könnten den Herrscherwechsel zu diesem Zeitpunkt bestätigen. Doch die Verhältnisse sind verworren und die wenigen Quellen unklar. Zeitweise scheint ein hochrangiger assyrischer Würdenträger, der Oberste der Eunuchen namens Sîn-schumu-leschir, ebenfalls die Königswürde beansprucht zu haben. Im Jahre 627 bestieg in Babylon ein anderer Sohn Assurbanipals, Sîn-schar-ischkun, den Thron. Doch obwohl es zunächst einen Herrschaftsvertrag zwischen Sîn-schar-ischkun und den Städten Babyloniens gab, erwies sich das Modell des Parallelkönigtums ein weiteres Mal als untauglich. Von den südlichen Stämmen ließ sich der Chaldäer Nabupolassar zum König krönen und unternahm ab 626 immer wieder neue Vorstöße auf Babylon. So kam es zu einer Serie von kriegerischen Auseinandersetzungen zwischen den verschiedenen Interessengruppen. Nach dem Tod Assur-etel-ilanis im Jahre 623 ließ sich sein Bruder Sin-schar-ischkun zum König von Assur krönen, verlor aber bald darauf (621/20) den südlichen Teil des assyrisch-babylonischen Reiches endgültig an Nabupolassar, den Begründer der späteren chaldäischen Dynastie in Babylon.

Das Ende des assyrischen Staates

Schenkt man einer akkadischen Chronik Glauben, so hat Nabupolassar bald nach seinem Einzug als König von Babylon damit begonnen Jahr für Jahr Feldzüge in Richtung Norden zu führen. Er unternahm Razzien euphrataufwärts auf assyrischem Gebiet und drang längs des Tigris gegen das assyrische Kernland vor. Ein Wechsel von Siegen und Niederlagen charakterisierte die Auseinandersetzungen. Doch in der Gesamtschau dokumentieren die Einträge ein langsames, aber stetiges Zurückweichen der Assyrer, die dem wachsenden Druck trotz hartnäckiger Gegenwehr immer weniger standhalten konnten. Die babylonischen Truppen erhielten Verstärkung, denn aus dem Zagros drangen die Meder gegen Assyrien vor. Immer wieder sammelte der assyrische König seine Truppen, um die Angreifer zurückzudrängen, jedoch ohne Erfolg: 614 fiel Assur, im Juli 612 wurde nach dreimonatiger Belagerung Ninive eingenommen; an mehreren Stellen fand man bei Ausgrabungen die Skelette der Verteidiger. Sin-schar-ischkun kam vermutlich bei den Kämpfen ums Leben. Der Kronprinz, Teile des assyrischen Hofes und die verbliebenen Truppen hatten sich weit nach Nordwesten in die Stadt Harran zurückgezogen.

Harran liegt in der Nähe des Euphrat an einer wichtigen Verbindungsroute zwischen Syrien, Obermesopotamien und Anatolien. Bereits Schamschi-Adad I. hatte das Gebiet um

Harran erobert, um die Kontrolle über die wirtschaftlich, strategisch und auch kultisch bedeutende Siedlung zu erhalten. Hauptgott von Harran war der Mondgott Sîn, der nicht nur in Mesopotamien sondern im gesamten Vorderen Orient große Verehrung genoß. Nachdem bereits Hethiter, Mittani und Assur Harran zu ihrem Machtgebiet gezählt hatten, war im ausgehenden 2. Jahrtausend in und um Harran ein aramäischer Staat entstanden. Doch unter Salmanassar III. wurde das gesamte Gebiet in eine assyrische Provinz überführt, die dem obersten Heerführer unterstand. Immer wieder bekundeten die Könige von Assur ihr Interesse an der Stadt durch Bau- und Restaurierungsmaßnahmen am Tempelbezirk des Mondgottes. Auch hatte Asarhaddon dort Statuen von sich und den beiden Kronprinzen aufstellen lassen, Assurbanipal schließlich bestimmte einen jüngeren Bruder als Priester des Mondgottes. Man vermutet, daß die Mutter des späteren babylonischen Königs Nabonid eine Tochter dieses jüngeren Bruders des Assurbanipal gewesen sein könnte. Es bestanden also gute Verbindungen des Königshauses zu dieser Stadt, die nun – nachdem das assyrische Kernland in die Hände der Gegner gefallen war – als letzte Residenz des assyrischen Herrschers dienen sollte.

Im 14. Jahr der Herrschaft des Nabupolassar wurde hier nochmals ein König designiert, möglicherweise auch inthronisiert. Sein Name konnte und sollte wohl als Programm verstanden werden: Er lautete Assur-uballit II. – «der Gott Assur erhält am Leben». In jedem Falle erinnerte der Name an den gleichnamigen Vorfahren des Königs, Assur-uballit I., der acht Jahrhunderte zuvor die Begründung des ersten assyrischen Territorialreiches vorangetrieben hatte. Ironischerweise sollte Assur-uballit II. der letzte Herrscher des assyrischen Reiches sein. Der genaue Status des Assur-uballit II. ist unklar. In der Regel mußten assyrische Könige formal in einem umfänglichen Ritual in der Stadt Assur im Tempel des Gottes Assur eingesetzt werden. Ob man in Harran eine vergleichbare Zeremonie abhalten konnte oder ob man davon ausging, dies zu einem späteren Zeitpunkt in Assur nachzuholen, wissen wir nicht. Quellen, aus denen ersichtlich wäre, ob er tatsächlich den Königstitel trug und damit rechtmäßig eingesetzter Herrscher war, fehlen bislang.

Nur wenig später, im Jahre 610, standen die Heere der babylonisch-medischen Allianz vor Harran und konnten die Stadt schließlich einnehmen. Offenbar gelang es jedoch Assur-uballit II., mit einem Teil seiner Truppen zu entkommen und sich der Unterstützung Ägyptens zu versichern. Die Herrscher der XXVI. Dynastie in Ägypten hatten seit der Mitte des 7. Jahrhunderts die ägyptische Präsenz im syro-palästinischen Raum erneut ausgebaut. Ob nun die alten Verbindungen zwischen Assyrien und dem Pharaonenhaus oder die Bedrohung, die von den vordringenden Truppen der Babylonier und Meder auch für die ägyptischen Interessen in der Levante ausging, den Ausschlag gaben: Necho II. zog in Eilmärschen an den Euphrat, entschlossen, die Assyrer zu unterstützen. Doch die Hilfe kam zu spät. Zwar gelang es der Koalition aus Ägyptern und Assyrern, im Jahre 609 Harran zurückzuerobern, doch Assur-uballit II. kam dabei wohl ums Leben. Jedenfalls bleibt dieser späte Sieg folgenlos.

Der Tod des letzten assyrischen Königs markiert nicht nur das Ende einer Dynastie, die über Jahrhunderte hinweg die Könige von Assur gestellt hatte. Er steht auch für das Ende Assyriens als eines selbständigen Staates und einer politischer Größe. Die Meder kontrollierten Iran, Armenien, Teile Anatoliens und Nordmesopotamien. Der König von Babylon herrschte über das südliche Zweistromland sowie über Syrien-Palästina.

Das Ende des assyrischen Reiches, die Zerstörung der einstigen Zentren der Macht – Assur, Dur-Scharrukin, Kalchu, Ninive und zuletzt Harran – hat die Zeitgenossen tief beeindruckt. Der Prophet Nahum kündet aus der historischen Rückschau vom Strafgericht Jahwes, das Ninive ereilen sollte. Eindringlicher noch als die flammenden Worte des biblischen Propheten scheint ein kleines Epigramm des Phokylides von Milet, der wohl im 6. Jahrhundert dichtete: *«Eine Stadt – auf einer Anhöhe gelegen, wohlgeordnet, klein – ist besser als das törichte Ninive.»*

Nach dem Zusammenbruch des assyrischen Staates

Als autonome politische Größe existierte Assyrien nicht mehr. War es also ‹untergegangen›? Wie man heute weiß, hatte eine ganze Reihe von Strukturen und Traditionen weiter Bestand. Zwar gelangte – mit Ausnahme von Harran, das unter den chaldäischen Königen nochmals eine wichtige Rolle spielte – keine der alten assyrischen Hauptstädte wieder zu Ruhm und Einfluß. Doch die Häuser, die von den Eroberern nicht zerstört worden waren, wurden weiter genutzt – Wieder- oder Weiterbesiedlung in unterschiedlichem Umfang dokumentiert der archäologische Befund.

Anders scheint die Situation in der ‹Provinz› gewesen zu sein. So hat die Stadt Dur-Katlimmu am Habur, die in mittelassyrischer Zeit zum Statthaltersitz ausgebaut worden war, den Zusammenbruch der politischen Zentrale offenbar ziemlich unbeschadet überstanden. Einige große Herrenhäuser wurden zerstört und geplündert, doch insgesamt ging das öffentliche und private Leben offenbar weiter, wie Texte bezeugen. Die alteingesessenen Familien der Stadt betrieben ihre Geschäfte, und zumindest die lokale Administration funktionierte. Eine regionale und überregionale Einheit fehlte jedoch zunächst. An mehreren Orten des ehemaligen Reiches können wir nach dem Zusammenbruch der Regierung lokale Datierungssysteme ausmachen – das einst von der Zentrale vorgegebene und für das gesamte Reich verbindliche Jahresdatum existierte folglich nicht mehr. Erst Jahre später setzten sich die neuen Machthaber durch, wobei sie offenbar die Grundzüge assyrischer Verwaltungsstrukturen übernahmen. Diese Tendenz wird in Verträgen über die Veräußerung von Grundbesitz aus den letzten Jahren des 7. Jahrhunderts deutlich. Diese folgen dem assyrischen Vertragsformular, sind in assyrischem Dialekt abgefaßt, führen also die örtlichen Traditionen weiter – mit einer Ausnahme: An die Stelle der assyrischen Datenformel tritt die babylonische Form der Datierung. Die Texte wurden nach den Regentschaftsjahren des amtierenden babylonischen Königs Nebukadnezar II. datiert. Anscheinend hatten also die Schreiber der staatlichen (hier: kommunalen) Verwaltung, die für die Ausfertigung der Vertragstafeln zuständig waren, ihre Ämter behalten. Einige Jahre später jedoch verschwinden auch diese Überreste assyrischer Machtstrukturen: Sprache und Formular der Verwaltungstexte sind in vollem Umfang babylonischen Gepflogenheiten verpflichtet. Die babylonischen Könige, die Meder und Perser, haben in hohem Maße von der strukturellen Vereinheitlichung profitiert, die das nördliche Mesopotamien unter der assyrischen Herrschaft erfahren hatte.

9. Herrschaft und Gesellschaft

‹Macht, Herrschaft, Prunk, Grausamkeit› – Schlagworte dieser Art haften dem Namen «Assyrien» an, vom Altertum bis heute. Dieses Bild ist nicht allein das Ergebnis feindlicher Propaganda, Monumente und Texte sprechen eine deutliche Sprache. ‹Angst und Schrecken› erweckten die Assyrer bei ihren Zeitgenossen, Angst und Schrecken zu verbreiten, war Teil ihrer Eroberungs- und Unterwerfungsstrategie. Wer Kultur und Geschichte der Assyrer darzustellen unternimmt, hat Mühe, diesem Vor-Urteil zu begegnen. Zu dominant sind Herrschaft und Königtum in den Quellen, zu viel Raum muß der Erzählung von Machtkämpfen, Eroberungen, Unterwerfungen, Strategien, Parteiungen und Intrigen zugestanden werden. Die großen Namen drohen den Namenlosen gar die Existenz zu bestreiten. Die Aufgabe, zu den Voraussetzungen und Bedingungen von Aufstieg und Niedergang jener Großmacht vorzudringen, bedarf geduldiger Detailforschung und der Bereitschaft, von Gesellschaftstheorie und Wissenssoziologie zu lernen.

Die Untertanen

Auch wenn Assyrien ‹soziale Klassen› im strengen Sinne (etwa im Sinne des indischen Kastenwesens) nicht kannte, so bestanden doch sehr wohl deutliche Unterschiede im gesellschaftlichen

Status der «Leute des Landes Assur». Stadt- und Landbewohner differenzierten sich aufgrund ihrer Lebensräume und der jeweils damit verbundenen Lebensweise (Seßhaftigkeit bzw. verschiedene Formen von Nomadentum). Rechts- und Verwaltungstexte zeigen, daß man grundsätzlich zwischen freien Männern und Frauen auf der einen und verschiedenen Formen der Unfreiheit auf der anderen Seite unterschied. Unfrei waren Personen, denen die einem Freien zukommende begrenzte Selbstbestimmtheit nicht gegeben war. Am stärksten eingeschränkt waren jene Personen, die in den Texten *urdu* genannt werden.

Die Bezeichnung *urdu* umfasst wiederum nach Dauer und Bedingungen unterschiedliche Zustände der Unfreiheit und Abhängigkeit; daher ist die konventionelle, aber nicht entbehrliche Übersetzung «Sklave» ungenau. Ein dauerhafter Sklavenstatus konnte sich grundsätzlich aus der Abstammung von Sklavenfamilien, als individuelles Schicksal infolge von Kriegsgefangenschaft oder als menschlicher Bestandteil von Kriegsbeute bzw. Tributleistungen ergeben. Zudem verhandelte man Personen aus dem Ausland als Sklaven nach Assyrien. Verschuldung und Verpfändung führten dazu, daß Familien einzelne Mitglieder für einen festgelegten Zeitraum als Sklaven dienen ließen. Wurde die Schuld nicht ausgelöst, ging der Sklave dauerhaft in den Besitz des Gläubigers über. Sklaven waren freilich – mit dem Einverständnis ihrer Besitzer – geschäftsfähig. Sie konnten Immobilien, aber auch ihrerseits andere Sklaven erwerben, besitzen und veräußern. Sklaven waren in sämtlichen Berufsfeldern tätig; sie waren sowohl in den großen staatlichen Wirtschaftseinheiten, Palast und Tempel, als auch in privaten und halbprivaten Bereichen beschäftigt. Ihre Abgrenzung von jenen Teilen der Bevölkerung Assyriens, die im weitesten Sinne besitzlos (d. h. ohne Grundbesitz) und als abhängige Arbeitskräfte in staatlichen oder größeren privaten Haushalten eingebunden waren, ist nicht immer klar.

Ihnen standen jene Teile der assyrischen Gesellschaft gegenüber, die über wirtschaftliche Unabhängigkeit und/oder über politischen Einfluß verfügten. Die Besetzung wichtiger Positionen in der staatlichen Verwaltung durch die Angehörigen dieser Schicht gewährleistete zumindest anfangs ein gewisses Korrektiv gegenüber der Machtposition des Herrschers. Im Laufe der Zeit scheint jedoch die königliche Sippe selbst einen größeren Teil der zentralen Positionen monopolisiert zu haben. Vor allem seit dem späten 2. Jahrtausend genossen diese Funktionsträger aufgrund ihres Amtes nicht nur politischen Einfluß sondern akkumulierten in Ausübung ihrer Funktion wiederum wirtschaftliche Macht. Der König nutzte nun die Vergabe von Ämtern als zentrales herrschaftspolitisches Instrument.

In allen gesellschaftlichen Gruppen und Schichten stellte die (Groß-)Familie bzw. der (erweiterte) Haushalt die zentrale Struktur – mit je eigenen Substrukturen (Männer, Frauen, Kinder, unfreie Mitglieder des Haushalts etc.) dar. Innerhalb der Schichten gab es wiederum spezifische (meist hierarchische) Organisationsformen der verschiedenen Berufsgruppen, z. B. Handwerkergilden. Alle Einwohner des assyrischen Reiches waren ungeachtet ihrer sozialen Stellung Untertanen des assyrischen Königs und seiner Autorität unterworfen. Sie waren gegenüber dem Staat, d. h. dem König, zur Entrichtung von Steuern und zur Leistung bestimmter (zeitlich begrenzter) Dienste verpflichtet.

Der König

Der Herrscher war das politische Oberhaupt des Staates. In den verschiedenen Phasen der assyrischen Geschichte standen ihm unterschiedliche Institutionen zur Seite. Traditionell verstanden sich die Könige von Assur als «Statthalter» des Landes – so lautete einer ihrer offiziellen Herrschertitel – als durch den Gott Assur eingesetzte Administratoren. Dieses Verhältnis kommt in einer Formel zum Ausdruck, die wohl auch in den Investiturfeierlichkeiten der assyrischen Könige ihren Platz hatte und wie folgt lautete: *«Der Gott Assur ist König, NN ist der Stellvertreter Assurs.»* Dieser Verweis auf Assur als den eigentlichen Eigentümer des Landes und Oberherren des assyrischen Königs, legitimierte das Handeln seiner irdischen Stellvertreter und verlieh ihnen eine, von außen gesehen, unbegrenzte Verfügungsgewalt. Zugleich fungierte der König als oberster Priester des Gottes Assur; damit kontrollierte er kultisch die Beziehungen zwischen Menschen und Göttern.

Bereits in altassyrischer Zeit war neben der Wirtschaftskraft der soziale Status einer Familie eine wichtige Voraussetzung für politische Einflußnahme. Für die erste Hälfte des 2. Jahrtausends ist anzunehmen, daß es eine Art Oberschicht, eine Elite gab, die im wesentlichen die politischen und wirtschaftlichen Geschicke der Stadt steuerte. Der Herrscher der Stadt Assur war sicher ein Mitglied dieser Oberschicht, gewissermaßen der erste Edelmann der Stadt. Er trug bis zum Auftreten von Schamschi-Adad I. nie den Titel «König»: Diese Bezeichnung kam allein dem eigentlichen Oberherrn der Stadt, dem Gott Assur zu. Das Verhältnis von Gott und irdischem Herrscher war also zunächst als eine administrative Beziehung gestaltet. Noch eine andere Eigenheit charakterisiert die politische Verfaßtheit der altassyrischen Zeit: Nicht nur die Stadt Assur, sondern auch die zugehörigen Handelsniederlassungen verfügten über mehrere Gremien, die in vielen Bereichen der Verwaltung wie auch der Rechtsprechung selbständig tätig waren. Der Herrscher fungierte zwar als politisches Oberhaupt, war jedoch offenbar in seiner unmittelbaren Machtausübung durch Institutionen, in denen die Einwohner der Stadt vertreten waren, begrenzt.

Nach der Mitte des 2. Jahrtausends haben sich die Konstellationen verändert. Politische Herrschaft war zu einer erblichen Einrichtung geworden. Aus dem Stadtstaat entwickelte sich ein Territorialstaat, der Herrscher Assurs trug den Titel «König», das Königtum nahm zunehmend Formen einer absoluten Alleinherrschaft an. Man könnte vermuten, daß diese Entwicklung ihren Anfang unter Schamschi-Adad I. nahm und sich durch die Expansion zum Territorialstaat verstärkte bzw. beschleunigte. War der König bislang durch seine Aufgaben als Verwalter und Priester des Gottes Assur definiert und legitimiert, so trat nun ein anderes Merkmal in den Blick: Der Dynastiegedanke wurde zum beherrschenden Prinzip der Monarchie. Die Idee der *einen* zur Herrschaft berufenen Sippe, die das Amt von Generation zu Generation weitergibt, wurde mit den Bildern der Gotteskindschaft und der Gottähnlichkeit verknüpft. Die assyrischen Herrscher bezeichneten sich als «Geschöpf» eines Gottes oder einer Göttin. Den Menschen erschien der König als Abbild der Götter. So heißt es in einem Schreiben an den Herrscher: *«Der König, mein Herr, ist der Erwählte der großen Götter. Der Schatten des Königs, meines Herrn, ist wohltuend für alles und jedes. (...) Ein wohlbekanntes Sprichwort sagt: ‹Der Mensch ist ein Schatten Gottes.› Aber – kann denn ein Mensch der Schatten eines Menschen (sein)? Der König ist das Ebenbild Gottes.»* So ist der König aus der Masse der übrigen Menschen herausgehoben: Er überragt sie an Kraft, Weisheit und physischer Schönheit – doch er ist kein Gott!

Der Palast

Den Gebäudekomplex, in dem der König residierte, bezeichnete man traditionell mit dem (sumerischen) Ausdruck É-GAL, das bedeutet «Groß-Haus». In der modernen wissenschaftlichen Literatur wird meist der Ausdruck «Palast» gebraucht, um den repräsentativ-funktionalen Charakter kenntlich zu machen. Doch der assyrische – wie überhaupt der altorientalische – Palast war mehr als nur ein durch Lage, Architektur, Dimension und Dekor herausgehobener Gebäudekomplex, mehr als eine exklusive Wohnung für den König und seine Familie: Er bildete das wirtschaftliche und funktionale Zentrum des Gemeinwesens. Der «Palast» steht also auch und vor allem für eine zentrale Wirtschafts- und Verwaltungsinstitution, sozusagen einen expandierten Haushalt. Die Einnahmen und Ausgaben des staatlichen Haushaltes werden als Güter «des Palastes» spezifiziert und verrechnet. Der Herrscher ist als oberster Verwalter, d. h. *de facto* Besitzer des Landes Assur, zugleich der Haushaltsvorstand des Palastes. Aus der Funktion des Palastes als verwaltungstechnischer Institution erklärt sich die Einrichtung von Palästen in den größeren Verwaltungssitzen des Reiches. Diese Provinz-Paläste waren Administrationszentren und zugleich sichtbares Symbol assyrischer Herrschaft schlechthin.

Die weitläufigen Palastanlagen der königlichen Residenz(en) beherbergten Räumlichkeiten für den König und Teile seiner Familie, Repräsentationsräume, Kapellen verschiedener Gottheiten, aber auch Funktionsräume aller Art: Werkstätten, Küchen, Speicher, Stallungen etc. Im Palast lebten neben dem König, seinen Frauen und Kindern, auch Brüder, Onkel und Neffen des Herrschers, sein Gefolge und die Bediensteten des Palastes. Die verwaltungstechnische Leitung lag in den Händen eines Palastvorstehers, dem das gesamte Personal unterstellt war. Neben diesem ‹Zentralpalast› gab es in den großen Hauptstädten eine ganze Reihe von weiteren Palästen: So verfügten in neuassyrischer Zeit der Kronprinz und auch die einflußreichen Königsgemahlinnen über eigene Paläste, die mit jeweils eigenem Personal und Ländereien ausgestattet waren. Über die Situation des 2. Jahrtausends ist aufgrund der begrenzten Ausgrabungstätigkeit noch wenig bekannt.

Die Frauen des Königs

Über die Frauen der assyrischen Könige im 2. Jahrtausend ist nichts bekannt; man kennt nicht einmal ihre Namen – Zufall der Überlieferung oder Ausdruck einer untergeordneten Position? Die Gemahlin des assyrischen Herrschers trug nicht den Titel «Königin», sondern wurde «Palast-Frau» genannt. Assyrische Könige hatten in der Regel mehrere Lebensgefährtinnen. Ihre Fähigkeit, dem Herrscher Kinder – in erster Linie Söhne – zu gebären und damit die Sicherung der Erbfolge zu gewährleisten, dürfte neben der Gunst des Herrschers ihre Position innerhalb der Hierarchie der königlichen Frauen bestimmt haben. Im Jahre 1989 fand man bei Ausgrabungen in Kalchu die Grablege mehrerer assyrischer Königsgemahlinnen des 9. und 8. Jahrhunderts. Dabei stellte sich heraus, daß die Frau Assurnasirpals II. namens Mullissu-mukannischat-Ninua nach dem Tod des Herrschers mit seinem Sohn aus früherer Ehe und Nachfolger Salmanassar III. vermählt worden war. Sie war die Tochter eines hochgestellten Höflings, nämlich eines Mundschenks von Assurnasirpal II. Ebenfalls in Kalchu bestattet waren Yaba, eine Gemahlin Tiglatpilesers III., Banitu, eine Frau Salmanassars V., sowie Atalia, eine Gemahlin Sargons II.; weiteres ist über diese Frauen nicht bekannt.

Anders verhält es sich mit Schammu-ramat, berühmt unter dem graezisierten Namen Semiramis. Hinter dem Rankenwerk der Legenden läßt sich erkennen, daß Semiramis eine für ihre Zeit außergewöhnliche Frau war, die über eine erstaunliche Macht verfügte. Ihre machtvolle Position wird unter anderem durch eine eigene beschriftete Steinstele dokumentiert, die bei den Stelen der assyrischen Könige an der Prozessionsstraße in Assur errichtet wurde. Darin definiert Schammu-ramat sich über ihre Beziehungen zu drei Königen – nämlich als «Palastfrau des Schamschi-Adad», als «Mutter des Adad-nirari» und als «Großmutter des Salmanassar». Eine vergleichbar mächtige Stellung hatte später auch Naqia-Zakutu inne, die bereits erwähnte Mutter Asarhaddons und Großmutter des Assurbanipal.

Die «Palastfrauen» bildeten, soweit man weiß, innerhalb des Palastes eine eigene Gemeinschaft, die wohl dem aus jüngeren Epochen bekannten Harem vergleichbar ist. Texte bezeugen, daß im Harem die Königinmutter, die Hauptfrauen oder jeweiligen Favoritinnen des Herrschers und eine große Zahl von Nebenfrauen lebten. Der Verkehr der Frauen untereinander und mit der Außenwelt war streng reglementiert. Nur ein exklusiver Personenkreis hatte Zutritt zu ihnen, und die Frauen durften – wenn überhaupt – nur in Begleitung den Harem verlassen.

Im Laufe der mittelassyrischen Zeit erließen die assyrischen Könige immer wieder Vorschriften, die das Verhalten der verschiedenen Gruppen am königlichen Hof – darunter auch des Harems – festlegten. Die Sammlung dieser Edikte aus mehreren Jahrhunderten ist unter dem Titel *Hof- und Haremserlasse* bekannt. In einem dieser Erlasse bestimmt Tiglatpileser I. (1112–1074): «*Tiglatpileser, der König der Gesamtheit, der König des Landes Assur, der Sohn des Assur-rescha-ischi, des Königs des Landes Assur, hat als Verfügung für die Höflinge (folgendes) verfügt: Sei es, daß einer der Eunuchen oder einer der Höflinge oder einer der (Palast-)Bediensteten, wenn eine Palastfrau schimpft oder aber Streit mit ihresgleichen hat, er dann stehen (bleibt und) zuhört, dann soll er 100 Schläge erhalten und man wird ihm ein Ohr abschneiden.»*

Der Hof – eine Institution des Palastes

«Die, die vor dem König stehen», die Höflinge (Eunuchen und «Bartträger»), die Mitglieder der königlichen Familie – hier vor allem die männlichen Verwandten des Herrschers –, die großen und kleinen Amtsträger des Reiches, die Palastfunktionäre, vornehme Geiseln und Gäste, sie alle bildeten eine soziale Einheit, den Hof. Eine feste Etikette regelte das Zusammenwirken der Gruppen bei Hofe.

Je näher der einzelne dem König stand, desto größer war sein Einfluß. Die wichtigsten Positionen am Hof nahmen die Ratgeber des Königs ein – eine Gruppe von fünf bis zehn Männern, die neben administrativen und zeremoniellen Aufgaben meist auch militärische Funktionen innehatten. Diese ‹Großen› des Landes Assur konnten zeitweise so einflußreich werden, daß ihre Macht die Stellung des Königs selbst bedrohte. Im ersten Jahrtausend zählen zur Gruppe der Großen: der Kanzler, in der Forschung gelegentlich auch als Schatzmeister bezeichnet, der Palast-Herold, der Obermundschenk, der Oberste der Eunuchen, der ‹Reichsvogt›, der Großwesir und der oberste General. Fast alle dieser hohen Staatsämter lassen sich bereits in mittelassyrischer Zeit nachweisen; man kann davon ausgehen, daß diese Funktionen im Zusammenhang mit den Veränderungen der Konzeption von Königtum und Staat um die Mitte des 2. Jahrtausends entstanden sind. Wichtige Fragen im Zusammenhang mit den staatlichen Ämtern bleiben indes offen: War eine bestimmte Ausbildung für den Zugang zu einer Position Voraussetzung? Welche Rolle spielte dabei die (gesellschaftliche) Herkunft? Gab es eine festgelegte Laufbahn für einzelne Ämter? Wie verhielt es sich mit der Erblichkeit von Ämtern? Und schließlich: Unter welchen Bedingungen konnte es zu den – mehrfach bezeugten – Ämterhäufungen kommen?

Das politisch-organisatorische Zusammenwirken der verschiedenen administrativen Ebenen kann aufgrund der Quellenlage nur für begrenzte Zeiträume genauer betrachtet werden. So lassen sich die Zuständigkeiten der höchsten Würdenträger des Reiches unter den Sargoniden relativ gut beschreiben. Diese Männer bildeten zusammen mit dem König die Regierung des assyrischen Reiches. Mögliche ideologische Konzeptionen, die sich mit diesem ‹Kabinett› verbanden, sind in der Forschung umstritten. Als politische Institution findet die Gruppe der den Herrscher umgebenden Berater ihr Gegenbild in der «Ratsversammlung der großen Götter» – ein mythologisches Modell, das schon seit dem 3. Jahrtausend im Zweistromland bezeugt ist. Die Mitglieder des Hofstaates wurden sorgfältig ausgewählt. Zeitweise wurden Ämter innerhalb einer Familie von Generation zu Generation weitergegeben. Ob es sich dabei um Ausnahmen handelte, wissen wir nicht. Doch alle wichtigen Ämter in der staatlichen Verwaltung wie auch in den kultischen Institutionen wurden mit besonders ergebenen Personen, häufig mit Mitgliedern der königlichen Familie besetzt.

In Briefen wurde die Auswahl bestimmter Personen unter Verweis auf ihre besonderen Kenntnisse und Fähigkeiten erbeten. Die als höchst ehrenvoll geschätzte Aufnahme in die Entourage des Königs war mit Privilegien verbunden: Gute Kontakte zum Hof waren eine wichtige Voraussetzung, wenn man konkrete Anliegen an den Herrscher richten wollte. Entweder konnte man – in Verbindung mit einer Aufwandsentschädigung – einen Höfling bitten, das eigene Anliegen vor dem Herrscher zu vertreten; oder aber man suchte selbst um eine Audienz beim König nach. In den neuassyrischen Staatsarchiven haben sich Briefe von Personen gefunden, die der königlichen Gnade verlustig gegangen waren. Ein gewisser Urdu-Gula beklagt sich in einem Schreiben voll ausgesuchter Schmeicheleien: *«Ach, möge doch der König, mein Herr, dem Fall seines Dieners Aufmerksamkeit schenken (...) Im Anfang, zu Zeiten des Vaters des Königs, war ich ein armer Mann, der Sohn eines armen Mannes, ein toter Hund, ein liederliches Subjekt, ein Niemand. Er aber hat mich (...) erhoben, ich empfing Ehrengeschenke von ihm, mein Name wurde unter den Gentlemen genannt. Die reichen Überreste genoß ich, hin und wieder pflegte er mir ein Maultier oder einen Ochsen zu geben, Jahr für Jahr erwarb ich ein oder zwei Minen Silber. (...) Ich stand am Fenster und hielt Ausschau. Tag für Tag habe ich in seinem Dienst zugebracht (...). Nun hat der König, mein Herr, in der Nachfolge seines Vaters den guten Namen gefestigt, ich aber bin nicht meinen Verdiensten entsprechend behandelt worden. Ich habe gelitten wie nie zuvor (...) Zwei Jahre sind es nun, daß meine beiden Tiere starben. Ich bin dreimal nach Arbela und einmal nach Assur gegangen, hat etwa einer Mitleid gezeigt, mich bei der Hand genommen (und) mich vor den König, meinen Herrn, gebracht? (...).»*

Der König pflegte seine Getreuen mit Naturalien, Textilien, Nutztieren und gelegentlich auch mit wertvollen Gegenständen wie Dolchen, Bechern oder Schmuckstücken aus kostbarem Material zu entlohnen. Doch die wichtigste, beinahe unerschöpfliche Ressource des Herrschers bestand in der Zuweisung von Ländereien mitsamt den dort ansässigen Bewohnern. Es entstand, wie der Brief des Urdu-Gula zeigt, ein auf das Wohlwollen des Herrschers gegründetes Abhängigkeitsverhältnis. Die daraus resultierende ‹Loyalität› war käuflich, und so manche Palastrevolte dürfte aus Neid und Unzufriedenheit entstanden sein.

Unter den Personen aus dem engeren Umfeld des Königs kam in mittel- und vor allem in neuassyrischer Zeit den Eunuchen besondere Bedeutung zu. Zu ihren Aufgabengebieten zählte unter anderem die Betreuung des königlichen Harems. Im ersten Jahrtausend traten die Eunuchen als eigenständige Gruppe am königlichen Hof hervor. Auf den Reliefs werden sie – im Unterschied zu den «Bartträgern» – bartlos dargestellt. Sie tragen häufig Namen, die ihre besondere Bindung an den Herrscher zum Ausdruck bringen. Hohe und höchste Ämter wurden ihnen zugewiesen, sie genossen das Vertrauen des Königs. Ihre soziale Herkunft ist unklar. Sicher jedoch ist, daß ihnen eine besondere Loyalität gegenüber dem König unterstellt wurde, auch weil sie nicht im Interesse einer eigenen Familie handeln konnten. Pfründen und Landbesitz, die der Herrscher einem Eunuchen zuwies, fielen nach dessen Tod an die Krone zurück.

Religion und Herrschaft

Der assyrische Herrscher war nicht nur politisches Oberhaupt, sondern auch der oberste Priester des Assur, des Stadt- und späteren Reichsgottes. Dieser war jedoch keineswegs der einzige Gott von Assur; die Stadt galt vielmehr im 18. Jahrhundert als «eine Stadt der vielen Götter» – so zumindest heißt es in einem in der Stadt Mari gefundenen Brief. Eine hohe Zahl von Göttern ist für die polytheistischen Systeme des Alten Orients charakteristisch, Assur bildet keine Ausnahme. Vermutlich waren bereits im 3. Jahrtausend, als Assur zunächst zum Reich der Akkade-Herrscher und später zu dem der Könige von Ur gehörte, neben regional verehrten Gottheiten auch die zentralen Göttinnen und Götter des überregionalen mesopotamischen Pantheons in Assur vertreten. So lassen sich die Vorläuferbauten des Ischtartempels bis in das 3. Jahrtausend zurückverfolgen; für die anderen Kultkomplexe der Stadt stehen entsprechende Untersuchungen noch aus. Doch bis in das 7. Jahrhundert wurden in Assur Tempel für alle großen Götter unterhalten. Es kann also hinsichtlich des Götterpersonals keine Rede davon sein, daß in Assur eine von dem übrigen Zweistromland isolierte Entwicklung stattgefunden habe.

Unter den zahlreichen Gottheiten, welche die Tempel der Stadt am Tigris bewohnten, ragt der Gott Assur hervor. Sein Tempel liegt auf einem Kalksteinsporn hoch über dem Tigris (s. Abb. 1, S. 29: Plan von Assur, und Abb. 5, S. 111). Der unregelmäßige Grundriß der aus einem zentralen Kultbau mit einem südlich vorgelagerten großen Hof bestehenden eindrucksvollen Anlage ist durch die Situation des Geländes bedingt. Der Tempel selbst trug den Namen Escharra «Haus des Alls» – ein Name, der Programm war. Die herausragende Position des Stadtgottes bedarf an sich keiner weiteren Erklärung, sie kommt im Prinzip allen Stadtgottheiten zu. Der Gott Assur aber nimmt innerhalb der reichen Götterwelt des Zweistromlandes tatsächlich eine Sonderstellung ein, die wohl mit seiner ‹Entwicklung› von einer lokalen Berg- und Stadtgottheit zu einem überregionalen Reichsgott zusammenhängt. Die Bedin-

Abb. 5: Imagination der Nordostspitze von Assur von W. Andrae

gungen und Einflüsse, die diese Entwicklung ermöglicht und begleitet haben, sind bis heute wenig bekannt. Einige Stadien lassen sich jedoch anhand der Veränderungen des Assur-Bildes in den Quellen nachzeichnen:

Für die Handelsmetropole Assur stellte der Stadtgott die zentrale göttliche Instanz dar – gleiches galt natürlich für die Handelsemporien fern von Assur. Schamschi-Adad I., der im frühen 18. Jahrhundert Assur eroberte, brachte die Nippur-Theologie nach Assur. Nippur (heute: Nuffar) zählte neben Uruk und Ur zu den großen religiösen Zentren des südlichen Zweistromlandes. Hauptgott der Stadt Nippur war Enlil («Herr (des) Wind(es)»), einer der höchsten Götter innerhalb des mesopotamischen Pantheons. Als sein Herrschaftsbereich galt der Raum auf und über der Erde. In seine Zuständigkeit fiel damit nach mesopotamischer Vorstellung auch die Ordnung der irdischen Verhältnisse, weshalb er auch als Herr des Königtums galt. Ob es nur ideologische Gründe waren, welche die Nippur-Theologie für Schamschi-Adad I. attraktiv machten, ist unbekannt. Jedoch scheint auf seine Initiative jenes Phänomen zurückzugehen, das man in der Forschung als ‹Assur-Enlil-

Synkretismus› bezeichnet. Bestimmte Charakteristika des Gottes Enlil wurden auf Assur übertragen, vor allem seine Position als Herr des Königtums und als Herrscher über die Erde; Assur übernahm auch die göttliche Gemahlin des Enlil, Ninlil, die in Assyrien dann unter der Bezeichnung Mullissu verehrt wurde. Dieser ‹Synkretismus› wird vor allem in der Übertragung der Bezeichnungen *Ekur* «Haus-Gebirges» und *Escharra* «Haus des Alls» vom Enlil-Tempel in Nippur auf den Assurtempel sichtbar.

Nach der Mitte des zweiten Jahrtausends, als der Staat Assur sich zu einer Territorialmacht entwickelte, erhielt auch der Gott Assur entsprechende Beinamen. Sein Aufstieg zu überregionaler Bedeutung, begünstigt sicher bereits durch die Gleichsetzung mit Enlil, war nichts völlig Neues im Zweistromland: Unter den Königen des Reiches von Akkade (etwa 23. Jahrhundert) war die Göttin Inanna/Ischtar, und unter Hammurabi von Babylon (18. Jahrhundert) war der Stadtgott von Babylon, Marduk, an die Spitze des Pantheons getreten. Nicht von ungefähr sind derartige Götter-Karrieren häufig im Zusammenhang mit der Ausbildung von Großreichen zu beobachten. Es könnte sein, daß diese Formen politischer Herrschaft auf solch eine «oberste Gottheit» angewiesen waren. Es ist daher nicht verwunderlich, daß auch in Assyrien die Reichsbildung mit einer ‹Aufwertung› des Gottes Assur einherging. Die vor allem durch die Sargoniden-Herrscher im späten 8. und 7. Jahrhundert systematisch betriebene Gleichsetzung des assyrischen Gottes Assur mit dem an der Spitze des babylonischen Pantheons stehenden Gott Marduk war ein weiterer Versuch, die Position des Gottes Assur zu stärken. Er wurde auf diese Weise zum Hauptakteur der kosmogonischen Mythologie, die in dem Weltschöpfungslied *Enuma Elisch* erzählt wird. Assurs Schritt an die Spitze des mesopotamischen Pantheons – im 1. Jahrtausend stellte man ihn durch eine gelehrte Gleichsetzung mit dem Göttervater Anschar gar an den Beginn der Schöpfung – wurde auch visuell symbolisiert: In Escharra, dem Haus des Alls, befanden sich Kapellen aller großen Götter. Doch die prächtigste unter ihnen war die des Gottes Assur selbst.

Asarhaddon schreibt: «*Die Cella* (das Innerste des Heiligtums) *des Gottes Assur, meines Herrn, verkleidete ich mit Gold. Schutzgenien und Flügelwesen aus strahlendem Rotgold stellte ich Seite an Seite auf. (...) Wie mit Lehmputz überzog ich die Wände mit Gold.*» In dieser Cella stand ein Kultbild des Gottes Assur, das an hohen Feiertagen in Prozessionen durch die Stadt getragen wurde. Ferner befanden sich dort Statuen des Königs, die seine ständige Anbetung symbolisierten.

Doch trotz dieser bewußt betriebenen Eingliederung Assurs in das gemeinmesopotamische Pantheon, wurde er nicht mit allen Eigenheiten der sumerisch-babylonischen Götter ausgestattet: Es gab – die Übernahme der Marduk-Mythologie ausgenommen – keine eigene Assur-Mythologie. Sein kultisches Heiligtum blieb – sieht man einmal von dem offenbar gescheiterten Versuch in Kar-Tukulti-Ninurta ab – nach der Mitte des 2. Jahrtausends auf die Stadt Assur beschränkt. Es gab keine Assur-Kapellen in anderen Städten oder in den Tempelkomplexen anderer Götter. Eben dadurch aber wurde der Assur-Tempel in der Stadt Assur zur zentralen und zentralisierenden Institution des assyrischen Reiches. Alle Provinzen waren verpflichtet, regelmäßig zum Unterhalt des Tempels beizutragen, wie die Archive der Opferverwalter zeigen, die im Tempel gefunden wurden. Die verschiedenen Opfergaben – Meerestiere, Vögel, Wild neben den Erzeugnissen der Landwirtschaft – repräsentieren auch die Gesamtheit des von Assyrien unterworfenen Kosmos.

Der Kult des Gottes Assur war entsprechend den auch sonst für altorientalische Tempel bezeugten Gepflogenheiten organisiert. Eine eigene Priesterschaft war mit seiner Versorgung und der Durchführung der Riten betraut. Der unmittelbare Kult bestand in einer regelmäßigen, ritualisierten Pflege der jeweiligen Gottheit in Gestalt ihres Kultbildes. Der Herrscher der Stadt Assur war zugleich der (höchste) Priester des Stadtgottes Assur, seine kultischen Aufgaben entsprechend umfangreich. Er konnte sich jedoch im Falle seiner Abwesenheit durch einen Stellvertreter oder sogar allein durch die Präsenz von Teilen seines Ornats, etwa durch seinen Mantel, «vertreten» lassen.

Der König war für die Unterhaltung der Tempelbauten und für die Sicherstellung des Kultbetriebes verantwortlich. So bildeten die Restaurierung, Vergrößerung oder Erneuerung von Tempelkomplexen ein wichtiges Thema in den Tatenberichten der Herrscher. Die enge Verbindung zwischen König und Gott kommt in einer unmittelbaren räumlichen Nachbarschaft von Assur-Tempel und den alten Königspalästen sinnfällig zum Ausdruck. Regelmäßig ‹besuchten› Assur, aber auch andere Götter, den König in seinem Palast. Bereits in der späteren mittelassyrischen Zeit allerdings und zumal durch die Verlegung der Residenz an Orte außerhalb Assurs wurde die sinnfällige Nähe von göttlichem und irdischem Oberherrn aufgehoben.

Der König ist tot – es lebe der König!

Nach mesopotamischer Vorstellung hing das Wohlbefinden des Landes vom Wohlbefinden seines Regenten ab. Durch den Tod eines Herrschers entstand eine bedrohliche, undurchschaubare Lage. Die Störung des geordneten Verkehrs zwischen Menschen und Göttern löste Angst aus. Hinzu trat die Furcht vor einer innen- bzw. außenpolitischen Destabilisierung. Es gab ja am assyrischen Hof ständig verschiedene Interessengruppen, die nur darauf warteten, die Macht zu übernehmen. Die Berufung auf die königliche Abstammung genügte als alleinige Form der Legitimation für einen Thronprätendenten nicht, da ein König in der Regel eine größere Zahl von Nachkommen zeugte. Jeder Regent war also unmittelbar daran interessiert, noch zu seinen Lebzeiten einen Thronfolger einzusetzen und so den Übergang der Macht zu sichern. Wir können uns noch kein klares Bild machen, wie die Einsetzung eines neuen Herrschers ablief. Jedenfalls muß zwischen der Machtübernahme selbst, die unmittelbar mit dem Tod des alten Regenten zusammenfiel, und der formalen Inthronisation unterschieden werden.

Die Einwohner von Assur bestatteten ihre Toten unter den Fußböden ihrer Wohnhäuser entweder in schlichten Gräbern oder in ausgemauerten Grüften. Auch die Könige von Assur hielten es so: In dem sogenannten Alten Palast stießen die Ausgräber auf insgesamt sechs Königsgräber. Die Grabkammern wie auch die zuführenden Gänge waren systematisch zerstört, die mächtigen, tonnenschweren Steinsarkophage in zahlreiche Stücke und Stückchen zerschmettert worden, die Beigaben weitgehend verschwunden. Von Assurbanipal wissen wir, daß er seine Grablege bereits zu Lebzeiten errichten ließ. Die kultische Betreuung der Grüfte war innerhalb der normalen Kultverwaltung geregelt, wie Texte über die Zuweisungen von Opfern an die Grüfte belegen.

Teile des Begräbnisrituals lassen sich aus einem kleinen neuassyrischen Text rekonstruieren. Beim Tod des Regenten wurde eine öffentliche Trauer angeordnet. Der Leichnam des Herrschers wurde in einer Prozession zur Grabstätte geleitet, dort in seinem Ornat, zusammen mit sämtlichen Insignien und kostbaren Grabbeigaben aufgebahrt und später in der Gruft beigesetzt. Regelmäßig wurden den verstorbenen Herrschern – wie den einfachen Toten auch – Trank- und Speiseopfer dargebracht. Vermutlich wurden zu bestimmten Zeiten umfangreichere Zeremonien abgehalten, in deren Rahmen man durch Nennung der Namen der Verstorbenen gedachte. Die *Assyrische Königsliste* mit den Namen der Könige Assurs könnte in diesem Zusammenhang eine Rolle gespielt haben. Da sich auch die Gräber von Asarhaddon und Assurbanipal in Assur befanden, kann man annehmen, daß die verstorbenen assyrischen Könige regelmäßig dort und nicht etwa in den verschiedenen Residenzen bestattet wurden. Der Sorgfalt, die man auf die ordnungsgemäße Bestattung der eigenen Toten verwandte, entspricht die Schmach, die man, wie bei Sargon II. geschehen, einem Gegner durch Verweigerung der Bestattung oder Zerstörung des Grabes über den Tod hinaus zufügen konnte. Assurbanipal scheute sich nach seinem Sieg über Elam nicht, die Gräber des elamischen Königshauses zu schänden und auf diese Weise die königliche Sippe Elams auf das Schlimmste zu strafen: *«Die Gräber ihrer früheren Könige (...) zerstörte ich, riß sie nieder (und) setzte sie dem Sonnenlicht aus. Ihre Knochen aber nahm ich in das Land Assur.»*

Abb. 6: Krönungsszene auf einem assyrischen Bronzehelm aus dem 9. Jh.

Die formale Einsetzung des neuen Königs dürfte regelmäßig in Assur stattgefunden haben. Aus mittelassyrischer Zeit kennen wir einen Text, der entweder die erstmalige Einsetzung des Königs oder aber eine möglicherweise jährlich wiederholte Zeremonie beschreibt. Darin lesen wir, wie der König im Assurtempel mit den Insignien ausgestattet und sodann in den Palast getragen wird, wo er die ‹Großen› des Reiches empfängt und in ihre Ämter einsetzt bzw. in ihren Ämtern bestätigt. Wahrscheinlich hatte diese Zeremonie im Rahmen der Neujahrsfeierlichkeiten ihren Platz. Die einzige bildliche Darstellung einer Investitur eines assyrischen Königs findet sich auf einem assyrischen Bronzehelm, der wohl aus der Mitte des 9. Jahrhunderts stammt. Im Mittelfeld über der Stirn befindet sich eine Gruppe aus fünf Figuren: Im Zentrum steht der designierte Herrscher, bekleidet mit einem Kultgewand. Er wendet sich dem zu seiner Rechten stehenden Gott Assur zu. Der Gott hält in der Linken die Königsbinde. Hinter dem designierten Herrscher steht die Göttin Ischtar, im Begriff, ihm die Krone auf das Haupt zu setzen. Die Gruppe wird gerahmt von zwei kleinen, vogelköpfigen Schutzgenien. Über der zentralen Gruppe schwebt die Flügelsonne. Kleinere Figurenbänder des Helms zeigen einen assyrischen König in Schlüsselszenen seiner Herrschaftsausübung, so etwa beim Empfang unterworfener Gegner. Aus neuassyrischer Zeit haben sich Texte erhalten, die einen Eindruck von den Vorstellungen vermitteln, die sich mit der Investitur eines Herrschers verbanden. Der designierte Herrscher mußte sich zunächst einer umfassenden rituellen wie physischen Reinigung unterziehen; ebenso wurden die Insignien des Amtes – Thron, Krone, Signum (die sogenannte Waffe), Bogen, Stab, Kette –, die unter dem Schutz umfangreicher Rituale gefertigt worden waren, vorbereitet. Die Formel «*Der gute Schutzgeist, die gute Schutzdämonin der Herrschaft und des Königtums mögen im Leib des Königs beständig sein*» macht deutlich, daß für die Zeitgenossen das Königtum in den gesamten Körper des Königs überging. Diese Vorstellung ist allerdings bislang nur in neuassyrischer Zeit, genauer im 7. Jahrhundert, nachweisbar. Generell jedoch gilt: Die Übergabe der Herrschaftszeichen war die sichtbare Legitimierung des Königs; *de jure* war er durch das Herrschaftsmandat der Götter legitimiert. Dieses Mandat war ihm durch die Nachfolgebestimmungen seines Vaters, der hierfür die Zustimmung aller Götter eingeholt hatte, zuerkannt worden und mit dem Tode des Vorgängers in Kraft getreten.

Grundzüge des Wirtschaftslebens

Im Alten Orient bildete in der Regel die Hausgemeinschaft, bestehend aus der Familie bzw. einer erweiterten Kernfamilie, die kleinste Wirtschaftseinheit, «Haus(halt)» genannt. Haushaltsvorstand war gewöhnlich das männliche Familienoberhaupt. Die zentralen Institutionen altorientalischer Gesellschaften – Palast und Tempel – erweisen sich in wirtschafts- und sozialgeschichtlicher Perspektive als übergroße Sonderformen des Haushaltes, in denen der Herrscher bzw. die Gottheit die Position des Haushaltsvorstandes einnimmt.

In der ersten Hälfte des 2. Jahrtausends war der Handel mit Zinn und Textilien eine wichtige, vielleicht die wichtigste Einkommensquelle der Stadt Assur. Alle Handelsgeschäfte waren vom Prinzip her Tauschgeschäfte. Allerdings scheinen standardisierte Metallmengen eine geldähnliche Funktion erfüllt zu haben. Vor allem in den jüngeren Epochen der assyrischen Geschichte läßt sich dies nicht nur für Silber, sondern auch für Bronze und Kupfer nachweisen. Inwieweit der König hier – wie auch sonst im Falle von Maßen und Gewichten – Garantien übernahm, ist unklar. Die Reinheit des Silbers wurde zum Beispiel durch staatliche Beauftragte geprüft. Auch belegen Texte, daß es genaue Verhältnisbestimmungen (sogenannte Preistarife) für die verschiedenen Standards gab. Die Preisgefüge für einzelne Warengruppen können teilweise über längere Zeiträume hin beobachtet werden. An erster Stelle ist hier das Silber zu nennen, das nicht nur das wichtigste Importgut war, sondern zugleich als Zahlungsmittel diente. Gegen Silber kaufte man Güter des täglichen Bedarfs ebenso wie Immobilien.

In den jüngeren Epochen der assyrischen Geschichte kontrollierte der Palast große Teile des Handels. Königliche Handelsagenten reisten dabei nicht nur in wirtschaftlichen sondern auch in diplomatischen Angelegenheiten für den König. Häufig hatten sie militärische Funktionen und arbeiteten bei der Abnahme von Tribut eng mit dem Heer zusammen.

Daß über die Bedeutung der Landwirtschaft in der altassyrischen Epoche kaum Erkenntnisse vorliegen, ist auf das Fehlen entsprechender Quellen zurückzuführen. In den jüngeren Phasen der assyrischen Geschichte führten die Bewohner der landwirtschaftlich genutzten Gebiete festgelegte Anteile der produzierten Güter als Steuer an den jeweils zuständigen Palast bzw. Tempel ab. Bereits vor der Ernte gab es Steuerschätzungen. Darüber hinaus mußte eine Art Frondienst geleistet werden, der in bestimmten Zeitabständen zu erfüllen war. Gestellungsurkunden belegen, daß man sich etwa durch Ersatzpersonen von dieser Pflicht freikaufen konnte. Diese Dienstverpflichtung war, wie Immobilienverkäufe zeigen, offenbar an Grundbesitz gebunden. Im 14. Jahrhundert scheint in der Gegend von Assur eine zunehmende Verschuldung der Kleinbauern eingesetzt zu haben, deren Ursachen wir nicht kennen. Abgaben konnten nicht mehr entrichtet werden, es fehlte an Saatgut und

Nahrungsmitteln. Diese Situation nutzten die vermögenden Handelsfamilien der Stadt, um durch Darlehensgeschäfte sich der Ländereien zu bemächtigen, die bislang den Dorfgemeinschaften bzw. kleinen Bauern gehört hatten. Die darauf lastenden Dienste waren aber nach wie vor durch die Schuldner zu erbringen – zusätzlich zu den Rückzahlungen für die empfangenen Darlehen. Schuldurkunden dokumentieren diesen Prozeß. Auch die königliche Familie dürfte sich auf diese Weise in den Besitz großer Domänen gebracht haben. Wie diese allerdings in die staatliche Wirtschaft eingebunden waren, ob und in welcher Form zwischen privatem, königlichem und staatlichem Eigentum unterschieden wurde, wissen wir nicht. Eine Vielzahl von Wirtschafts- und Verwaltungsurkunden dokumentiert über Jahrhunderte in einer detaillierten Buchführung, wie sowohl in den privaten als auch in den institutionellen Haushalten die Produktion und Vermarktung gewaltiger Mengen an Wirtschaftsgütern präzis gesteuert wurden.

Ein wichtiger Faktor für das Funktionieren von Wirtschaft und Verwaltung im assyrischen Reich war ein gut ausgebautes Netz von Verbindungsstraßen. Kuriere erhielten auf ihrem Weg an Straßenstationen frische Vorräte und Reisemittel. Auch der Herrscher selbst war offenbar – wenn er nicht gerade einen Feldzug führte oder in kultischen Angelegenheiten in Assur weilte – regelmäßig unterwegs. Paläste in den größeren Städten dienten ihm als Quartiere, die Kosten für den Unterhalt des Herrschers und der mit ihm Reisenden oblag dem jeweiligen Statthalter. Bei solchen Gelegenheiten empfing der König die örtlichen Würdenträger und entschied in schwierigen Rechtsangelegenheiten.

Anmerkungen zum Rechtswesen

Grundsätzlich galt in Assyrien der Herrscher als oberste Rechtsinstanz. Er vereinigte in seiner Person Gesetzgebung und Rechtsprechung. Die Wahrung von Recht und Ordnung erscheint in ganz Mesopotamien traditionell als Auftrag der Götter an den Herrscher. Dieser Auftrag wird in Herrschertitulaturen wie z.B.

«König der Gerechtigkeit» aufgegriffen und wirkt gerade in Assyrien weit über die unmittelbare gesellschaftliche Rechtsordnung hinaus: Der König verstand sich nicht nur als Garant von Recht und Gerechtigkeit für seine Untertanen, sondern umfassend als Hüter der kosmischen Ordnung. Die Unterwerfung unbotmäßiger Feinde erschien auf diesem Hintergrund als eine notwendige Maßnahme zur Wahrung dieser Ordnung.

Die untere Gerichtsbarkeit und die Regelung von gewöhnlichen Streitfällen erfolgte in Assyrien durch Mitglieder der staatlichen Administration, die als Richter fungierten. Rechtsakte wurden durch anwesende Zeugen beglaubigt, ebenso ihre schriftliche Fassung als Rechtsurkunde; dort wurden die Namen der Zeugen verzeichnet, und die beteiligten Rechtsparteien siegelten die Urkunde. War kein Siegel zur Hand, drückte man den Fingernagel in den feuchten Ton. Eine Vielzahl von juristischen Urkunden hat sich aus den verschiedenen Epochen der assyrischen Geschichte erhalten, darunter sind Kaufverträge, Testamente, Prozeßurkunden, aber auch Sammlungen von Rechtssätzen und Erlassen.

Zeitmessung und Zeitrechnung

Wirtschaft, Rechtswesen und Verwaltung waren auf eine funktionierende Zeitrechnung angewiesen. Die exakten Datumsangaben nicht nur der Rechts- und Verwaltungsurkunden, sondern auch der Königsinschriften sind verläßliche Hilfsmittel der modernen Forschung für die chronologische Rekonstruktion der Geschichte Assyriens. In der Stadt Assur verwendete man traditionell ein System der Jahresbenennung, das sich von den im 3. und frühen 2. Jahrtausend im übrigen Zweistromland gebräuchlichen System unterschied. In den Städten Sumers und Akkades benannte man die einzelnen Jahre nach wichtigen politischen oder kultisch-religiösen Ereignissen (z. B.: «Jahr, in dem der König die Stadt NN zerstört hat»). In Assur wurden sie im jährlichen Wechsel nach einem (vermutlich einflußreichen) Mitglied der Gesellschaft oder der Verwaltung benannt – einem Eponymen. Die Ursprünge dieses Systems sind unklar; handelt es sich um eine genuin assyrische Erfindung oder die Umbildung organisatorischer Strukturen nomadischer Stämme oder Relikte der Ur-III-zeitlichen Bürokratie? Auch die Kriterien, nach denen Jahr für Jahr der jeweilige Eponym festgestellt wurde, sind zumindest für die Frühzeit unklar. Im 1. Jahrtausend und wohl auch schon in der zweiten Hälfte des 2. Jahrtausends war das Eponymenamt ein Ehrenamt, das – der Hierarchie des assyrischen Hofes folgend – Jahr für Jahr von einem anderen Beamten ausgeübt wurde. Jeweils mit dem Regierungsantritt übernahm der neue Herrscher das erste Eponymat. Über die Abfolge der Jahreseponymate wurden seit altassyrischer Zeit Listen geführt, die eine exakte Berechnung auch größerer Zeiträume ermöglichten.

Politische Herrschaft als göttlicher Auftrag

Der Verweis auf die Wahrung bzw. Herstellung der (Welt-)Ordnung war ein zentrales Moment der assyrischen Herrschaftsideologie. Alles Handeln des Königs – auch die Kriegszüge – erfolgte «auf Befehl Assurs und der großen Götter». Eine weitere Legitimation war nicht erforderlich. Die Unterwerfung anderer Völker und Territorien war Herrschaftsauftrag – und damit in allen Konsequenzen gerechtfertigt. Die assyrischen Herrscher präsentierten ihre ‹Ordnung› in den erzählenden Reliefs ihrer Paläste und auf Stelen und Felsreliefs, die sie an den Rändern der «vier Weltgegenden» – den jeweiligen Grenzen ihres Reiches – errichten oder anbringen ließen. Noch heute zeugen diese Herrscherbilder von der Macht der assyrischen Könige – und von der Ohnmacht der Unterworfenen.

Die durch den Befehl der Götter legitimierte Unterwerfung ging jedoch nicht mit religiöser Unterdrückung einher. Zwar wurden Tempel zerstört und Götterbilder weggeführt, auch gibt es Hinweise auf die Errichtung assyrischer Götterbilder in eroberten Territorien, jedoch scheinen diese Maßnahmen nicht Teil einer gezielten ‹religiösen Assyrisierung› gewesen zu sein: Es gab während der verschiedenen Phasen der Reichsbildung keine Tempel des Gottes Assur außerhalb der Stadt Assur. Auch für einen systematisch organisierten ‹Herrscherkult›, eine kultische Verehrung des Regenten, vergleichbar etwa dem römischen Kaiserkult, gibt es keine überzeugenden Argumente. Von einem religiösen Imperialismus der assyrischen Könige kann daher keine Rede sein. Die Entwicklung von der Handelsmetropole Assur zum assyrischen Großreich erweist sich vielmehr als eine Verschränkung politischer – ziviler und militärischer – Faktoren, die historischen Veränderungen unterlagen. Monokausale Erklärungsmuster würden den Blick auf die Vielfalt und Komplexität historischer Bedingungsgefüge verstellen.

Abbildungsnachweis

Abb. 1: Nach: M. Roaf, Mesopotamien. Bildatlas der Weltkulturen, Bechtermünz, Augsburg 1998, S. 149 oben links.
Abb. 2: Aus: H. A. Layard, The Monuments of Nineveh, Bd. 1, London 1849, Tafel 53.
Abb. 3: Aus: M. Roaf, Mesopotamien. Bildatlas der Weltkulturen. Bechtermünz, Augsburg 1998, S. 165.
Abb. 4: Aus: J. Börker-Klähn, Altvorderasiatische Bildstelen und vergleichbare Felsreliefs. Bd. 2, Ph. v. Zabern, Mainz 1982, Abb. 219.
Abb. 5: Aus: W. Andrae, Das wiedererstehende Assur. C. H. Beck, München [2]1977, S. 54, Nr. 37.
Abb. 6: Aus: H. Born, U. Seidl, Schutzwaffen aus Assyrien und Urartu, Bd. IV (Sammlung A. Guttmann) Ph. v. Zabern, Mainz 1995, S. 24, Abb. 22 (Ausschnitt).

Die Karten auf den beiden Umschlaginnenseiten zeichnete Angelika Solibieda, cartomedia, Karlsruhe.

Zeittafel I

Überblick über die Geschichte Assurs

Zeitraum	Süd-Mesopotamien	Assur
28.–24. Jh.	Frühdynastische Stadtstaaten	Assur?
23./22. Jh.	Herrscher von Akkad	Assur Teil des Reiches von Akkade
Ende 22./21. Jh.	Herrscher der III. Dynastie von Ur	Assur Provinz der Herren von Ur
Ende 21. bis Ende 17. Jh	Herrscherdynastien der Städte Isin, Larsa, Eschnunna, Uruk, Babylon, Mari bestimmen in unterschiedl. Umfang die politische Landkarte	Auch Assur begründet eine eigene Dynastie *altassyrische Epoche* 20./19. Jh. – Assur ist Zentrum eines überregionalen Handelsnetzes
16.–Anf. 12. Jh.	Dynastie der Kassiten beherrscht das südliche Mesopotamien	16. und 15. Jh. Mittani beherrscht weite Teile Obermesopotamiens, Situation Assurs unklar *mittelassyrische Epoche* Seit Beginn 14. Jh. Assur als Zentrum eines Territorialstaates „Assyrien"
Mitte des 12. und 11. Jh.	II. Dynastie von Isin Vordringen aramäischer Stämme	Vordringen aramäischer Stämme
1. Jt.	verschiedene Dynastien regieren Babylon	*neuassyrische Epoche* Stabilisierung und neuerliche Expansion des assyrischen Territorialstaates
ab Mitte des 8. Jhs.	Eroberung weiter Teile ‹Babyloniens› durch die Herrscher von Assur	Assyrien entwickelt sich zum Großreich
spätes 7. Jh.	Befreiung aus der assyrischen Hegemonie, Expansion, Begründung der Chaldäer-Dynastie in Babylon	Assur's letzter Herrscher unterliegt den Angriffen der babylonisch-medischen Koalition – **609:** Assyrien hört auf als politische Größe zu existieren

Zeittafel 2

Die Könige von Assur in mittel- und neuassyrischer Zeit

(im Text genannte Könige **fett**)

Assur-nirari II.	1414–1408
Assur-bel-nischeschu	1407–1399
Assur-rim-nischeschu	1398–1391
Assur-nadin-ache	1390–1381
Eriba-Adad I.	1380–1354
Aschur-uballit I.	1353–1318
Ellil-nirari	1317–1308
Arik-den-ili	1307–1296
Adad-nerari I.	1295–1264
Salmanassar (Salmanu-aschared) I.	1263–1234
Tukulti-Ninurta I.	1233–1197
Assur-nadin-apli	1196–1193
Assur-nirari III.	1192–1187
Ellil-kudurri-usur	1186–1182
Ninurta-apil-Ekur	1181–1169
Assur-dan I.	1168–1133
Ninurta-tukul-Assur	1133 ?
Assur-rescha-ischi I.	1132–1115
Tiglatpilesar (Tukulti-apil-Escharra) I.	1114–1076
Aschared-apil-Ekur	1075–1074
Assur-bel-kala	1073–1056
Eriba-Adad II.	1055–1054
Schamschi-Adad IV.	1053–1050
Assurnasirpal I.	1049–1031
Salmanassar II.	1030–1019
Assur-nirari IV.	1018–1013
Assur-rabî II.	1012–972
Assur-rescha-ischi II.	972–967

Tiglatpilesar (Tukulti-apil-Escharra) II.	966–935
Assur-dan II.	934–912
Adad-nirari II.	911–891
Tukulti-Ninurta II.	890–884
Assurnasirpal (Assur-nasir-apli) II.	883–859
Salmanassar (Salmanu-aschared) III.	858–824
Schamschi-Adad V.	823–810
Adad-nirari III.	809–783
Salmanassar (Salmanu-aschared) IV.	782–772
Assur-dan III.	771–755
Assur-nirari V.	754–745
Tiglatpilesar (Tukulti-apil-Escharra) III.	744–727
Salmanassar (Salmanu-aschared) V.	726–722
Sargon (Scharru-ukîn) II.	722–705
Sanherib (Sîn-ache-eriba)	704–681
Asarhaddon (Assur-achu-iddina)	680–669
Assurbanipal (Assur-bāni-apli)	668–631/27?
Assur-etel-ilani	627–625?
Sîn-schar-ischkun	629/7–612
Assur-uballit II.	612–609

Literaturhinweise

Die Auswahl der Buchtitel wurde mit Blick auf den Leserkreis des Bändchens im wesentlichen auf deutschsprachige Fachliteratur begrenzt. In den angegebenen Werken finden sich Angaben zu weiterführender Literatur.

W. Andrae, *Das wiedererstandene Assur.* 2. durchges. und erw. Aufl. hrsg. v. B. Hrouda. München 1977.

W. Andrae, *Lebenserinnerungen eines Ausgräbers.* 2. Aufl. Berlin 1988.

A. Bagg, *Assyrische Wasserbauten.* Mainz 2000.

M. S. B. Damerji, *Gräber assyrischer Königinnen aus Nimrud.* Mainz 1999.

G. Dercksen (Hrsg.), *Trade and Finance in Ancient Mesopotamia.* Leiden 1999.

D. O. Edzard, *Geschichte Mesopotamiens. Von den Sumerern bis zu Alexander dem Großen.* München 2004.

E. Heinrich, *Tempel und Heiligtümer im alten Mesopotamien.* Berlin 1982.

E. Heinrich, *Die Paläste im alten Mesopotamien.* Berlin 1984.

B. Hrouda (Hrsg.), *Der Alte Orient. Geschichte und Kultur des alten Vorderasien.* Gütersloh 1991.

H. Klengel (Hrsg.), *Kulturgeschichte des alten Vorderasien.* Berlin 1989.

J. Klinger, *Die Hethiter.* München 2007.

M. T. Larsen, *The Conquest of Assyria. Excavations in an Antique Land 1840–1860.* London, New York 1996.

S. Maul, *Die Inschriften von Tall Bderi.* Berliner Beiträge zum Vorderen Orient Texte 2. Berlin 1992.

S. Maul, *1903–1914: Assur. Das Herz eines Weltreiches*, in: G. Wilhelm (Hrsg.), *Zwischen Tigris und Nil. 100 Jahre Ausgrabungen der Deutschen Orient-Gesellschaft in Vorderasien und Ägypten.* Mainz 1998.

H. J. Nissen, *Geschichte Alt-Vorderasiens.* München 1999.

H. J. Nissen, P. Heine, *Von Mesopotamien zum Irak. Kleine Geschichte eines alten Landes.* Berlin 2003.

H. Onasch, *Die assyrischen Eroberungen Ägyptens.* Wiesbaden 1994.

A. L. Oppenheim, *Ancient Mesopotamia. A Portrait of a Dead Civilization.* Chicago/London 2. Aufl. 1977.

W. Orthmann, *Der Alte Orient.* Propyläen Kunstgeschichte Band 14. Berlin 1975.

S. Parpola, R. M. Whiting (Hrsg.), *Assyria 1995.* Proceedings of the 10th Anniversary Symposium of the Neo-Assyrian Text Corpus Project. Helsinki 1997.

K. Radner, *Die neuassyrischen Privatrechtsurkunden als Quelle für Mensch und Umwelt*. Helsinki 1997.
P. Matthiae, *Geschichte der Kunst im Alten Orient 1000–330 v. Chr. Die Großreiche der Assyrer, Neubabylonier und Achämeniden*. Darmstadt 1996.
M. Roaf, *Mesopotamien. Kunst, Geschichte und Lebensformen*. In der Reihe: Bildatlas der Weltkulturen. Augsburg 1991.
M. Salvini, *Geschichte und Kultur der Urartäer*. Darmstadt 1995.
M. P. Streck (Hrsg.), *Sprachen des Alten Orient*. 2. Aufl. Darmstadt 2006.
R.-B. Wartke, *Urartu. Das Reich am Ararat*. Mainz 1993.
G. Wilhelm, *Grundzüge der Geschichte und Kultur der Hurriter*. Darmstadt 1982.

Beispiele für alle wichtigen Texttypen der assyrischen Überlieferung finden sich in der von B. Janowski und Gernot Wilhelm herausgegebenen Reihe: *Neue Texte aus der Umwelt des Alten Testaments*. Gütersloh ab 2004:
Band I: *Rechts- und Wirtschaftsleben.*
Band II: *Staatsverträge, Herrscherinschriften und andere Dokumente.*
Band III: *Briefe.*

Nachweis zu ausführlicher zitierten Quellen

S. 35: K. Hecker, Archiv Orientální 67, S. 561–562; *S. 38/39:* Mari-Brief; *S. 42:* IBoT I, 34: 10–14 a; *S. 42/43:* RIMA 1 A.0.76.3: 4–49; *S. 45:* KUB XXIII, 102: I 1'–9'; *S. 46:* EA 16: 13–31; *S. 48:* DeZ 3439, s. BATSH IV Nr. 2: 15–21; 53b–60; *S. 52:* RIMA I A.0.78.23: 88–99; *S. 58:* RIMA 2 A.0.87.1: V 44–50; RIMA 2 A.0.87.1: V 8–21; *S. 67:* K 15272+ 15'–20'; *S. 69:* ABL 198: 11–21; *S. 70 u. 71:* Nach W. Mayer, MDOG 115, S. 65–136: Z. 96–102. 134–136. 388–401. 426. Tod Rusa's I.: A. Fuchs, Die Inschriften Sargons II. aus Khorsabad, Göttingen 1994, S. 116 f, Annalen Z. 164 b–165 a; *S. 73:* ABL 1442: 9–15; *S. 75:* ABL 196; *S. 78:* CT 26, Pl. 35: VIII 46–49; S. 82: R. Borger, Die Inschriften Asarhaddons Königs von Assyrien. AfO Beih. 9, S. 40–41, Episode 2, Z. 8–19, 25–31; *S. 85:* ABL 471: 17'–29'; ABL 119: 12–27; *S. 86:* Annalen d. Assurbanipal, sog. Rassam-Zylinder, Kol. I 18–22 (s. R. Borger, Beiträge zum Inschriftenwerk Assurbanipals, Wiesbaden 1996, S. 1–7), ND 4336 u. Dupl., s. SAA II Nr. 6 § 4; *S. 88:* ABL 78: 7–22; *S. 94:* Annalen d. Assurbanipal, sog. Rassam-Zylinder, Kol. VIII: 91–96; *S. 98:* Phokylides Frg. 4; *S. 104:* ABL 652: obv. 18–rev. 1; rev. 9–13; *S. 106:* E. Weidner, AfO 17, 287 Satzung 21, 102–104; *S. 113:* R. Borger, Die Inschriften Asarhaddons Königs von Assyrien. AfO Beih. 9, S. 87: Z. 23b–25; *S. 115:* Annalen d. Assurbanipal, sog. Rassam-Zylinder, Kol. VI: 70–74.

Register